国家级职业教育规划教材
全国职业院校城市轨道交通专业教材

城市轨道交通客运组织

人力资源社会保障部教材办公室组织编写

郭英明　主编

中国劳动社会保障出版社

简介

本书紧扣职业教育的特点和要求，结合职业院校城市轨道交通专业的教学实际进行编写，内容选取以“适度够用”为原则，主要包括客运组织概述、车站、票务组织、客流与日常客流组织、大客流组织、应急处置与危机处理、客运组织分析等。本书编写由浅入深，形式丰富，为学生自主学习提供了良好指引，为教师的教学设计预留了合理空间。本书配有电子课件，可通过中国技工教育网（http://jg.class.com.cn）下载。

本书由郭英明任主编，高扬、徐秋梅任副主编，薛兆伟、祁思予、凌春梅参加编写。

图书在版编目（CIP）数据

城市轨道交通客运组织 / 郭英明主编 . -- 北京：中国劳动社会保障出版社，2021
全国职业院校城市轨道交通专业教材
ISBN 978-7-5167-1708-0

Ⅰ. ①城…　Ⅱ. ①郭…　Ⅲ. ①城市铁路 – 轨道交通 – 客运组织 – 职业教育 – 教材
Ⅳ. ①U239.5

中国版本图书馆 CIP 数据核字（2021）第 070068 号

中国劳动社会保障出版社出版发行
（北京市惠新东街 1 号　邮政编码：100029）
*
三河市华骏印务包装有限公司印刷装订　　新华书店经销

787 毫米 ×1092 毫米　16 开本　11 印张　214 千字
2021 年 7 月第 1 版　　2021 年 7 月第 1 次印刷
定价：24.00 元

读者服务部电话：（010）64929211/84209101/64921644
营销中心电话：（010）64962347
出版社网址：http://www.class.com.cn
http://jg.class.com.cn

前 言

我国城市轨道交通自1965年北京地铁一期工程建设开始，经过了50余年的建设和发展，取得了显著成就。近年来，城市轨道交通正处于大规模高速发展时期，以北京、上海、广州为代表的特大城市已进入网格化建设阶段，尚有几十个城市正在建设或规划中。实践证明，发展城市轨道交通是解决城市交通问题的有效途径，对促进城市经济持续发展也起到了重要作用。

随着城市轨道交通行业的高速发展，城市轨道交通企业对从业人员的知识水平和职业能力提出了更高的要求。为了培养更加符合城市轨道交通企业需求的技能人才，我们组织了一批教学经验丰富、实践能力强的一线教师和行业、企业专家，在充分调研的基础上，编写了这套全国职业院校城市轨道交通专业教材。

这套教材包括《城市轨道交通概论》《城市轨道交通车辆基础》《城市轨道交通车站设备基础》《城市轨道交通行车组织》《城市轨道交通客运组织》《城市轨道交通车辆驾驶》《城市轨道交通乘客服务》《城市轨道交通车辆维护与检修》和《城市轨道交通安全管理》。

本次教材编写工作的重点主要体现在以下几个方面：

第一，突出教材的实用性。本着“学以致用”的原则，根据城市轨道交通企业的工作实际安排教材的结构和内容，对操作性较强的课程，教材在编写中安排了技能训练，突出对学生实际操作能力的培养。

第二，突出教材的先进性。根据城市轨道交通行业的现状和发展趋势，教材在编写过程中尽可能多地体现了新知识、新技术、新方法、新设备，以期缩短学校教育与企业岗位需求的距离，同时，严格执行国家最新技术标准。

第三，突出教材的易用性。新版教材充分考虑学生的认知规律，注重利用图表、实物照片和案例辅助讲解知识点和技能点，为学生营造生动、直观的学习环境，激发学生的学习兴趣。同时，教材还配有电子课件和习题册，便于教师开展教学和学生课后复习。

本套教材的编写得到了有关省市教育部门、人力资源社会保障部门和一批职业院校的大力支持，教材编审人员做了大量的工作，在此，我们表示诚挚的谢意！同时，恳切希望广大读者对教材提出宝贵的意见和建议。

人力资源社会保障部教材办公室

目　录

第一章　客运组织概述 ……………………………………………… (1)

　第一节　城市客运与城市轨道交通 ………………………………… (1)

　第二节　客运组织工作主要内涵 …………………………………… (12)

　第三节　客运组织技术方法发展 …………………………………… (19)

第二章　车站 …………………………………………………………… (27)

　第一节　车站概述 …………………………………………………… (27)

　第二节　车站客运设备 ……………………………………………… (32)

　第三节　车站运作 …………………………………………………… (38)

第三章　票务组织 ……………………………………………………… (49)

　第一节　票务系统概述 ……………………………………………… (49)

　第二节　自动售检票系统 …………………………………………… (60)

　第三节　票务作业 …………………………………………………… (75)

　第四节　票务应急处置 ……………………………………………… (78)

第四章　客流与日常客流组织 ………………………………………… (83)

　第一节　客流 ………………………………………………………… (83)

　第二节　客流组织概述 ……………………………………………… (91)

　第三节　日常客流组织 ……………………………………………… (97)

第五章　大客流组织 …………………………………………………… (100)

　第一节　大客流概述 ………………………………………………… (100)

　第二节　大客流组织影响因素分析 ………………………………… (105)

第三节　大客流组织方法……………………………………………（114）
第六章　应急处置与危机处理……………………………………………（121）
第一节　突发性大客流组织…………………………………………（121）
第二节　突发事件应急处置…………………………………………（127）
第三节　危机处理……………………………………………………（139）
第七章　客运组织分析……………………………………………………（146）
第一节　客流调查、预测与运输计划………………………………（146）
第二节　客运市场分析………………………………………………（153）
第三节　运营效果分析………………………………………………（160）
附录　客运组织相关术语………………………………………………（166）
参考文献……………………………………………………………………（170）

第一章　客运组织概述

学习目标

◆ 能够列举城市客运交通系统组成、影响居民选择出行方式的因素和城市客运交通的结构模式。

◆ 能够描述客运组织的基本概念和客运组织工作的主要内容，列举客运组织工作的机构组成。

◆ 能够描述票务组织、客流组织技术方法发展的大体过程，说明现阶段主流票务组织、客流组织的技术方法。

随着城市化进程加快，城市人口不断增加，居民出行需求日益扩大，交通拥堵问题逐步凸显并成为很多城市需要重点解决的民生和发展难题。城市轨道交通具有运量大、省地、准点、快捷、节能、环保、安全等特点，受到了很多大中型城市的青睐。

城市轨道交通组成复杂、客流量大，要实现安全、有序、高效的运营目标，为乘客提供安全、准时、便捷、舒适的乘车服务，对客运组织工作有较高要求。城市轨道交通客运组织工作应为乘客提供符合服务规范的服务设施、候车环境和乘车环境，提供规范、有效、及时的信息，向残障等特殊乘客提供相应的服务。

第一节　城市客运与城市轨道交通

城市轨道交通是城市客运交通系统的组成部分，属于城市公共交通，在我国一些大型城市（如北京、上海、广州、深圳、香港等）和一些国外城市（如纽约、东京等）已经成为分担居民出行需求的骨干。例如，纽约、东京等城市的轨道交通占公共交通出行的分担率在80%以上，我国北京、广州、上海、成都等城市已超过50%。

一、城市客运交通系统组成

城市一般包括住宅区、工业区和商业区并且具备行政管辖功能，涉及居民区、街道、医院、学校、公共绿地、写字楼、商业卖场、广场、公园等公共设施。城市居民是城市活动的主体，各种城市活动所发生的人和物的空间位移必须依靠交通来实现。城市客运交通系统通过复杂多样的运输网络和不同形式的交通工具，把居民区、写字楼等公共设施联系起来，是整个城市正常运转不可或缺的组成部分。

城市客运交通系统一般可分为城市私人交通和城市公共交通两大类。近年来，随着互联网迅速发展和共享经济的诞生，又出现了共享自行车、网约汽车等城市新型客运交通方式。图 1–1 所示为城市客运交通系统组成。

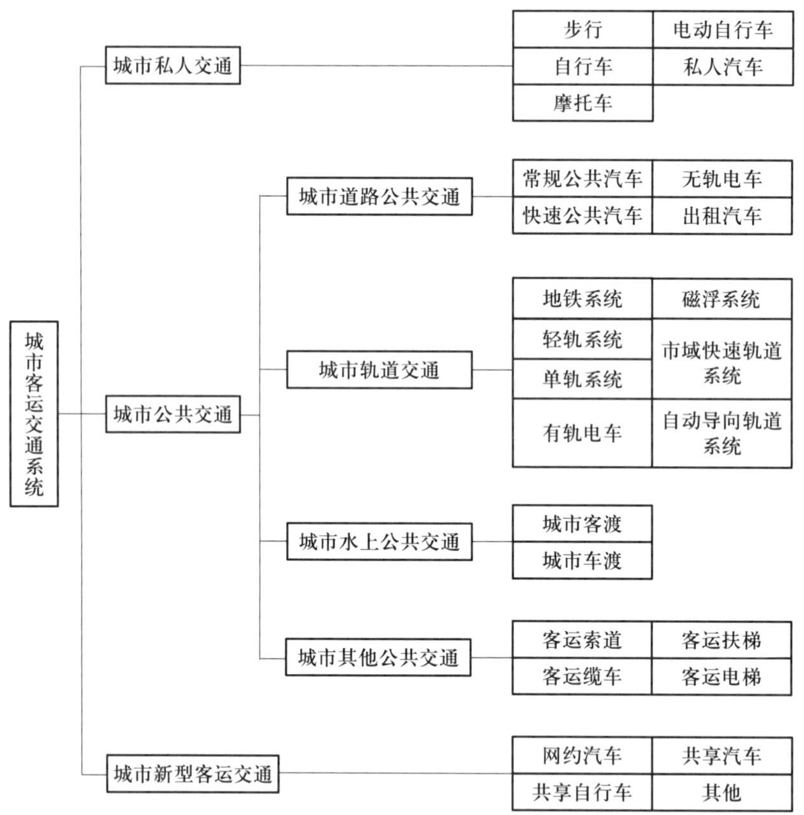

图 1–1　城市客运交通系统组成

1. 城市私人交通

城市私人交通主要包括步行、自行车、摩托车、电动自行车和私人汽车等，其机动灵活、行止随意，可以实现“门到门”，方便了居民出行。但是，这些私人交通工具载客量小、运送效率低，给大中型城市带来了一系列问题，包括交通拥堵、平均车速下降、交通事故增加、噪声和空气污染严重、能源消耗量增加、车辆停放场地不足等。

为了解决这些问题，一些城市曾致力于改善道路系统，如增加车道数量、修建高架路和高速路、开辟地下交通等。这些措施虽然提高了交通供给能力，但仍未能解决城市道路交通拥堵问题。

知识窗

当斯定律

当斯定律——在政府对城市交通不进行有效管制和控制的情况下，新建的道路设施会诱发新的交通量，而交通需求总是倾向于超过交通供给。

例如，如果在高峰时间，特别拥挤的地段一旦大有改善，就会导致三种情况，使改善全被抵消：汽车驾驶者原来走别的路，现在都集中在此改善区域；汽车驾驶者本来在其他时间行车，现在同时集中在此改善区域；汽车驾驶者本来乘坐公共交通，现在驾车通过此改善区域。

2. 城市公共交通

解决城市交通拥堵问题的有效途径是优先和大力发展城市公共交通。城市公共交通方式包括城市道路公共交通、城市轨道交通、城市水上公共交通和城市其他公共交通四大类。

（1）城市道路公共交通

行驶在城市各级道路上的公共客运交通工具共同组成了城市道路公共交通，包括常规公共汽车、快速公共汽车、无轨电车、出租汽车等。城市道路公共交通是目前我国城市客运公共交通的主体。图1–2所示为快速公共汽车系统。

图1–2　快速公共汽车系统

知识窗

快速公共汽车

快速公共汽车系统是由公共汽车专用线路或通道、服务设施较完善的车站、配有高新技术装备的车辆和各种智能交通技术设备组成的客运系统，乘坐体验快捷、舒适，是新兴的大容量快速公共交通方式。快速公共汽车系统使用专用车道，车站采用长站台形式，所用车辆一般都为特大型或超大型车辆，可多车同时上下乘客，又可同时发车，列车化运行，车速较快，车辆运行不受其他交通方式干扰，因而客运量较大。

知识窗

出租汽车是否属于公共交通?

出租汽车是按照乘客和用户意愿提供直接的、个性化的客运服务，并且按照行驶里程和时间收费的客车。出租汽车可分为小型出租汽车、中型出租汽车、大型出租汽车三类。

大、中型出租汽车属于公共交通。有观点认为，小型出租汽车（即通常所称的“出租车”或“的士”）本质上是私人交通。公共交通工具上的乘客通常必须与大量陌生人分享空间，而私人交通使用者可以选择单独使用交通工具。

（2）城市轨道交通

城市轨道交通是采用专用轨道导向运行的城市公共客运交通系统，一般包括地铁系统、轻轨系统、单轨系统、有轨电车、磁浮系统、市域快速轨道系统、自动导向轨道系统七种制式。城市轨道交通具有速度快、容量大的基本特性，因而特别适用于大规模、集中性、定点、定时、定向的出行需求，成为现代城市客运公共交通体系的骨干。

（3）城市水上公共交通

城市水上公共交通是航行在城市及周边地区范围水域上的公共交通方式，包括城市客渡和城市车渡。城市水上公共交通的运行方式有三种：连接被水域阻断的两岸接驳交通、与两岸平行航行且有固定站点码头的客运交通，以及旅游观光交通。

（4）城市其他公共交通

城市其他类型的公共交通主要包括客运索道、客运缆车、客运扶梯和客运电梯，如图 1–3 所示。

a)　b)　c)　d)

图 1-3 城市其他公共交通

a）客运索道 b）客运缆车 c）客运扶梯 d）客运电梯

城市客运服务水平取决于城市中包括老年人、残疾人、孕妇、儿童等在内的所有居民可到达城市任何区域的便捷程度。城市公共交通对城市政治经济、文化教育、科学技术等方面的发展影响极大。城市公共交通属公益性行业，可以由公共或私人组织运营，主要经营目标是为居民出行服务，其经营成效主要体现为社会效益，发生政策性亏损时，一般由政府给予补贴。衡量城市公共交通行业经营管理水平的标准主要是它对居民出行的安全、方便、及时、经济、舒适等要求的满足程度。

3. 城市新型客运交通

随着互联网迅速发展和共享经济的诞生，城市新型客运交通方式陆续出现，主要包括网约汽车、共享自行车、共享汽车等。它们的乘坐方式、运营模式与传统的城市私人交通和公共交通均有所不同，呈现出各自不同的特征。

（1）网约汽车

网约汽车也称网约车，是网络预约出租汽车经营服务的简称，是指以互联网技术为依托构建服务平台，接入符合条件的车辆和驾驶员，通过整合供需信息，提供非巡游的预约出租汽车服务的经营活动。网约车的供给方可以是个人或者企业，让一些原本闲置的车辆成为运力，提高了交通工具的使用效率，并且便捷度、舒适度和服务水平较传统出租车有绝对优势，因此一经推出就成为市场"新宠"，为城市居民出行带来了极大便利。但网约车由于准入门槛低，其安全性自诞生之日起一直备受诟病。2016 年，交通运输部等七部委联合颁布《网络预约出租汽车经营服务管理暂行办法》，2019 年进行了修正，提出按照高品质服务、差异化经营的原则，有序发展网约车，并对网约车平台企业、车辆和驾驶员、经营行为、监督检查、法律责任等进行了明确规定。

（2）共享自行车

公共交通工具的"最后一公里"问题是城市居民出行采用公共交通出行的主要障碍，也是建设绿色城市、低碳城市过程中面临的主要挑战。共享自行车（也称共享单车）企业在校园、地铁站点、公交站点、居民区、商业区、公共服务区等提供服务，一般采用分时租赁模式，有效解决了公共交通"最后一公里"问题，带动居民使用其他公共交通工具的热情，与其他公共交通方式产生协同效应，是一种新型的绿色环保交通方式。

（3）共享汽车

随着共享自行车在全国各大城市迅速发展，共享经济的概念迅速普及。有些共享汽车平台借鉴共享自行车的发展模式，率先在北京、上海、广州等大型城市布局，虽然投放车辆和网点数量还不算多，目前还处于起步阶段，但已引起一定反响。

二、城市客运交通结构模式

城市客运交通结构指某一时期城市中各种交通方式承担客运量的比重。这种比重反映了城市居民出行需求的特点和城市中不同交通方式的发展水平，同时也在一定程度上反映了社会经济的发展水平。

知识窗

广州市 2020 年 8 月公共交通客运量结构组成

广州市交通运输局《广州交通运输月报〔2020〕第 8 期》公布的数据显示：本月全市公共交通客运量为 4.2 亿人次，日均客运量为 1 369 万人次。其中，常规公交车日均客运量为 420 万人次，轨道交通日均客运量为 804 万人次，出租车日均客运量为 142 万人次，水上巴士日均客运量为 3 万人次。从公共交通客运占比来看，本月常规公交车客运量占比为 30.67%，轨道交通客运量占比为 58.71%，出租车客运量占比为 10.37%，水上巴士客运量占比为 0.24%。

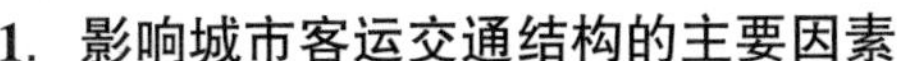

1. 影响城市客运交通结构的主要因素

城市客运交通结构受城市经济发展水平、自然条件、用地布局、交通基础设施、交通政策等因素的影响。

（1）经济发展水平对城市客运交通结构的影响

一方面，经济发展水平较高的城市往往人口密度大、经济活动活跃，居民出行需求旺盛，需要现代化城市客运交通提供支撑。另一方面，现代化的城市交通系统建设，特别是大运量快速运输系统（如地铁、快速公共汽车、轻轨等）需要大量资金。因此，经济发展水平对一个城市客运交通结构的影响是决定性的。

知识窗

城市轨道交通建设申报条件

《国务院办公厅关于进一步加强城市轨道交通规划建设管理的意见》（国办发〔2018〕52号）规定：城市轨道交通系统，除有轨电车外均应纳入城市轨道交通建设规划并履行报批程序。地铁主要服务于城市中心城区和城市总体规划确定的重点地区，申报建设地铁的城市一般公共财政预算收入应在300亿元以上，地区生产总值在3 000亿元以上，市区常住人口在300万人以上。引导轻轨有序发展，申报建设轻轨的城市一般公共财政预算收入应在150亿元以上，地区生产总值在1 500亿元以上，市区常住人口在150万人以上。拟建地铁、轻轨线路初期客运强度分别不低于每日每公里0.7万人次、0.4万人次，远期客流规模分别达到单向高峰小时3万人次以上、1万人次以上。

（2）自然条件对城市客运交通结构的影响

自然条件对城市客运交通结构的影响包括地形、地势、环境与气候条件等。天然阻隔（如河流、湖泊、高山、海湾等）会影响城市形态，改变交通线路和路网形态，如广州、武汉、厦门、香港等城市。丘陵山地地面坡度很大，会使某种交通工具难以适应，或适合某种交通工具运行。例如，重庆的自行车出行比重较小，单轨系统占轨道交通比重较大。气候条件也会对城市客运交通结构产生影响。例如，拉萨作为寒冷地区的高原城市，自行车出行难以适应。

（3）用地布局对城市客运交通结构的影响

城市用地功能划分对出行量、出行距离、出行时间的影响是直接且显著的。居民区、写字楼、工厂、学校、医院等的布局直接决定了上班、上学、就医等刚性出行需求，也影响

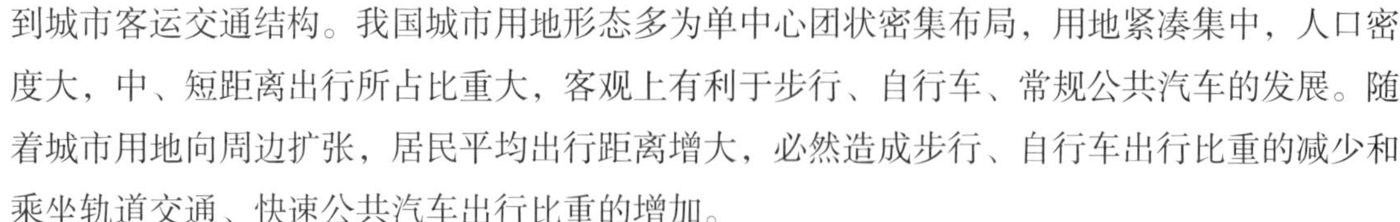
到城市客运交通结构。我国城市用地形态多为单中心团状密集布局，用地紧凑集中，人口密度大，中、短距离出行所占比重大，客观上有利于步行、自行车、常规公共汽车的发展。随着城市用地向周边扩张，居民平均出行距离增大，必然造成步行、自行车出行比重的减少和乘坐轨道交通、快速公共汽车出行比重的增加。

（4）交通基础设施对城市客运交通结构的影响

城市现有交通基础设施状况影响着客运交通结构。如果城市中的交通基础设施薄弱，道路长度、宽度和人均拥有公共汽车数量严重不足，交通干线数量少，公共汽车线路少、站点覆盖率低，将会大大降低公共交通的吸引力，诱增私人交通，制约城市公共交通发展。有的城市道路网已经形成，改造空间小，或存在大量弯弯曲曲的小街小巷，道路窄、标准低，公共汽车、小汽车的通行能力有限，在交通改造时可以考虑选用地铁、单轨等方式。

（5）交通政策对城市客运交通结构的影响

国家通过制定宏观交通政策，对城市客运交通的发展方向、交通结构等做出强制性规定或引导性建议，如优先发展城市公共交通。地方政府与城市依据本市交通状况实际和经济能力所制定的城市交通发展规划、交通政策为城市客运发展提供了目标，如对公交、地铁实行的补贴政策。政府对某种交通方式建设制定优惠或不利的投资政策和贷款条件，也可以鼓励或限制某种交通方式的发展。

2. 城市客运交通结构模式选择

在城市客运交通各种方式中，必然有一种或几种交通方式起主导作用，另外几种方式作为辅助，共同形成相对稳定、与当前居民出行需求相匹配的城市客运交通系统，这就形成了不同的城市客运交通结构模式。

（1）以私人交通为主导

经济不发达、规模不大、人口不多的城市，可以采取步行、自行车、摩托车、小汽车 + 常规公共汽车的模式。经济发达且地广人稀的城市，可以采取小汽车 + 公共交通的模式。

（2）以常规公共汽车为主导

人口密度大、有一定经济实力的城市，可以实行大力发展常规公共汽车、限制小汽车发展的交通政策，采取常规公共汽车 + 快速公共汽车、轨道交通、私人交通的模式。

（3）以轨道交通为主导

人口密度极大、经济实力雄厚、城市布局紧凑的城市，一般采取轨道交通 + 常规公共汽车、快速公共汽车、私人交通的模式。这种模式下，城市轨道交通承担 80% 以上的客运量，极大地缓解了城市道路交通压力和城市用地压力。我国的特大型城市多采用这种模式。

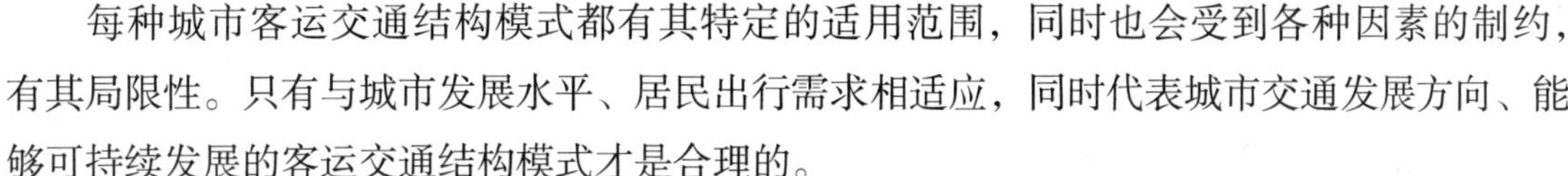

每种城市客运交通结构模式都有其特定的适用范围，同时也会受到各种因素的制约，有其局限性。只有与城市发展水平、居民出行需求相适应，同时代表城市交通发展方向、能够可持续发展的客运交通结构模式才是合理的。

3. 优先发展城市公共交通

随着我国城镇化加速发展，城市交通发展面临新的挑战。城市公共交通具有集约高效、节能环保等优点，优先发展公共交通是缓解交通拥堵、转变城市交通发展方式、提升人民群众生活品质、提高政府基本公共服务水平的必然要求，是构建资源节约型、环境友好型社会的战略选择。

（1）优先发展城市公共交通遵循的原则

1）方便群众。把改善城市公共交通条件、方便群众日常出行作为首要原则，推动网络化建设，增强供给能力，优化换乘条件，提高服务品质，确保群众出行安全可靠、经济适用、便捷高效。

2）综合衔接。突出公共交通在城市总体规划中的地位和作用，按照科学合理、适度超前的原则编制城市公共交通规划，加强与其他交通方式的衔接，提高一体化水平，统筹基础设施建设与运营组织管理，引导城市空间布局的优化调整。

3）绿色发展。按照资源节约和环境保护的要求，以节能减排为重点，大力发展低碳、高效、大容量的城市公共交通系统，加快新技术、新能源、新装备的推广应用，倡导绿色出行。

4）因地制宜。根据城市功能定位、发展条件和交通需求等特点，科学确定公共交通发展目标和发展模式。明确城市公共交通的主导方式，选择合理的建设实施方案，建立适宜的运行管理机制，配套相应的政策保障措施。

（2）优先发展城市公共交通的举措

1）强化规划调控。城市综合交通规划应明确公共交通优先发展原则，统筹重大交通基础设施建设，合理配置和利用各种交通资源，促进城市内外交通便利衔接和城乡公共交通一体化发展。

2）加快基础设施建设。提升公共交通设施和装备水平，提高公共交通的便利性和舒适性；科学有序地发展城市轨道交通，积极发展大容量地面公共交通，鼓励新能源公共交通车辆应用。

3）加强公共交通用地综合开发。加强公共交通用地监管，改变土地用途的由政府收回后重新供应，用于公共交通基础设施建设；公共交通用地综合开发的收益用于公共交通基础设施建设和弥补运营亏损。

4）加大政府投入。将公共交通发展资金纳入公共财政体系，重点增加大容量公共交通、综合交通枢纽、场站建设、车辆设备购置和更新的投入；对城市轨道交通运营企业实施电价优惠。

5）拓宽投资渠道。推进公共交通投融资体制改革，进一步发挥市场机制的作用。支持公共交通企业利用优质存量资产，通过特许经营、战略投资、信托投资、股权融资等多种形式，吸引和鼓励社会资金参与公共交通基础设施建设和运营。

6）保障公共交通路权优先。优化公共交通线路和站点设置，逐步提高覆盖率、准点率和运行速度，改善公共交通通达性和便捷性；增加公共交通优先车道，扩大信号优先范围，逐步形成公共交通优先通行网络。

7）鼓励智能交通发展。按照智能化、综合化、人性化的要求，推进信息技术在城市公共交通运营管理、服务监管和行业管理等方面的应用，重点建设公众出行信息服务系统、车辆运营调度管理系统、安全监控系统和应急处置系统。

三、城市轨道交通及其系统组成

1. 城市轨道交通

世界上最早的城市轨道交通线路是英国伦敦的大都会地铁，始建于1863年。我国第一条地铁线路于1969年10月1日在北京建成通车。

按照国家标准《城市轨道交通技术规范》（GB 50490—2009）的定义，城市轨道交通是“采用专用轨道导向运行的城市公共客运交通系统”，一般包括地铁系统、轻轨系统、单轨系统、有轨电车、磁浮系统、市域快速轨道系统、自动导向轨道系统七种制式。表1–1所示为不同制式城市轨道交通的主要特征及技术指标。

表1–1　不同制式城市轨道交通的主要特征及技术指标

<table>
<tr><th colspan="2" rowspan="2">制式分类</th><th colspan="6">主要特征及技术指标</th></tr>
<tr><th>运输能力/（人/h）</th><th>最高速度/（km/h）</th><th>旅行速度/（km/h）</th><th>路权模式</th><th>敷设方式</th><th>车辆类型</th></tr>
<tr><td colspan="2" rowspan="2">地铁系统</td><td rowspan="2">≥ 25 000</td><td>100 ~ 120</td><td>45 ~ 60</td><td rowspan="2">全封闭</td><td rowspan="2">地下或高架</td><td rowspan="2">A、A_S、B、L_B型车（直流）</td></tr>
<tr><td>80</td><td>30 ~ 40</td></tr>
<tr><td colspan="2">轻轨系统</td><td>10 000 ~ 30 000</td><td>70 ~ 80</td><td>25 ~ 35</td><td>全封闭或部分封闭</td><td>地下≤ 30%</td><td>C、L_C型车、70%低地板车辆</td></tr>
<tr><td rowspan="3">单轨系统</td><td rowspan="2">跨座式</td><td rowspan="2">10 000 ~ 25 000</td><td>100 ~ 120</td><td>45 ~ 60</td><td rowspan="3">全封闭</td><td rowspan="3">高架</td><td rowspan="2">跨座式单轨专用车辆</td></tr>
<tr><td>80</td><td>30 ~ 40</td></tr>
<tr><td>悬挂式</td><td>6 000 ~ 12 000</td><td>60 ~ 80</td><td>15 ~ 35</td><td>悬挂式单轨专用车辆</td></tr>
</table>

续表

<table>
<tr><th colspan="2" rowspan="2">制式分类</th><th colspan="6">主要特征及技术指标</th></tr>
<tr><th>运输能力 /（人 /h）</th><th>最高速度 /（km/h）</th><th>旅行速度 /（km/h）</th><th>路权模式</th><th>敷设方式</th><th>车辆类型</th></tr>
<tr><td rowspan="3">有轨电车</td><td>钢轮钢轨有轨电车</td><td rowspan="3">6 000 ~ 12 000</td><td rowspan="2">60 ~ 70</td><td rowspan="2">15 ~ 30</td><td rowspan="2">开放式或部分封闭</td><td>地面≥ 70%</td><td>100%、70% 低地板车辆或高地板车辆</td></tr>
<tr><td>虚拟轨道胶轮电车</td><td>地面（路面）</td><td>胶轮专用车辆</td></tr>
<tr><td>导轨式胶轮电车</td><td>60 ~ 80</td><td>15 ~ 35</td><td>开放式或部分封闭或全封闭</td><td>地面或高架</td><td>胶轮专用车辆</td></tr>
<tr><td rowspan="2">磁浮系统</td><td rowspan="2">中低速磁浮</td><td rowspan="2">10 000 ~ 25 000</td><td>100 ~ 120</td><td>45 ~ 60</td><td rowspan="2">全封闭</td><td rowspan="2">高架</td><td rowspan="2">中低速磁浮专用车辆</td></tr>
<tr><td>80</td><td>30 ~ 40</td></tr>
<tr><td colspan="2" rowspan="2">市域快速轨道系统</td><td rowspan="2">≥ 10 000</td><td>140 ~ 200</td><td>>60</td><td rowspan="2">全封闭</td><td>高架或地面</td><td>市域快速轨道专用车辆（交流）</td></tr>
<tr><td>100 ~ 120</td><td>45 ~ 60</td><td>地下（城区）或高架或地面</td><td>市域快速轨道专用车辆（直流 / 交流）</td></tr>
<tr><td colspan="2">自动导向轨道系统</td><td>10 000 ~ 20 000</td><td>60 ~ 80</td><td>25 ~ 35</td><td>全封闭</td><td>高架</td><td>自动导向轨道专用车辆</td></tr>
</table>

注：1. 分类标准依据中国城市轨道交通协会《城市轨道交通分类》。

2. 高速磁浮系统由于行车速度很高，通常用于城市之间远程客运，本书未将其纳入城市轨道交通范畴。

2. 城市轨道交通系统组成

城市轨道交通是一个复杂系统，涵盖多个领域，主要由土建设施、车辆与车辆基地、机电设备三大部分组成。

土建设施包括轨道、线路、限界、车站等，土建设施管理范围包括轨道工程、路基工程、线路附属工程、隧道、桥梁、车站建筑、车辆基地、运营控制中心及变电所房屋建筑等。

车辆与车辆基地包括车辆、车辆段、车辆基地。

机电设备包括供电系统、通信系统、信号系统、综合监控系统、自动售检票系统、通风系统、空调与供暖系统、给排水与消防系统、火灾自动报警系统，以及站台门、自动扶梯、电梯、轮椅升降机等。

城市轨道交通车辆、供电系统、通信系统、信号系统、自动售检票系统、站台门等设施设备与综合监控系统互联互通、兼容共享，实现自动化、网络化运营。

第二节　客运组织工作主要内涵

城市轨道交通是大运量的公共交通方式，车站是客流的集散地。安全、有序、高效地组织乘客运输、客流集散是城市轨道交通运营管理的目标。

一、客运组织工作基本概念

客流是指在一定时间内乘客的流量、流向和旅行距离信息的总称，包含时间、地点、方向和流量四个要素。城市轨道交通客运组织是指通过合理布置和使用客运相关设备设施，对客流采取有效的分流、引导等措施来组织客流运送的过程。

1. 客运组织的特点

（1）城市轨道交通客运组织服务的对象是城市内部出行需求，不提供行李包裹托运服务。

（2）全日客流分布在时间上有较为明显的高峰，一般为早晚高峰，高峰时段客流量集中、时间性强、空间分布不均衡。

（3）全年客流分布在时间上按季、月、周、节假日有较大起伏。

2. 客运组织工作服务乘客的目标

客运组织工作服务乘客的目标是为乘客提供安全、准时、便捷、舒适的服务。

（1）安全

安全是第一目标，也是最重要的目标。城市轨道交通运营企业应制定并严格执行各项管理制度和作业流程，采用先进的技术手段和方法，确保所有设备设施处于良好状态，将乘客安全送至目的地。

（2）准时

准时是指可靠性，包括候车时间和运送时间的稳定性，这是城市轨道交通相较其他城市客运交通方式的最大优势。2019 年，全国城市轨道交通正点率在 99.9% 以上。

（3）便捷

便捷程度可由可达性、运送速度和换乘次数来评价。随着线网密度不断增加，城市轨道交通的可达性将越来越高。在可达性的基础之上，换乘次数越少，便捷程度越高。运送速度也是城市轨道交通相较其他城市客运交通方式的优势所在。

（4）舒适

除增大乘车占有面积，改善车厢内的温度、湿度、空气质量、噪声、照明，以及车辆运行时产生的振动、加速度等客观条件，提高乘车舒适度外，客运服务工作人员应严格遵守职业道德，礼貌待客，耐心正确地解答乘客问询，主动热情地为乘客服务。

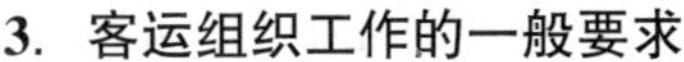

3. 客运组织工作的一般要求

（1）运营单位应制定服务质量管理、票务管理等客运服务制度，根据列车运行图、车站设施设备和人员情况等编制客运组织方案。

（2）运营单位应建立公共卫生管理制度，保持车站、车厢整洁卫生。

（3）运营单位应确保城市轨道交通线路全天运营时间不少于 15 h。

（4）当有两条以上具有换乘功能的运营线路时，应具备乘客一次购票（卡）连续乘坐不同线路的功能，实现线网一票（卡）通用功能。

（5）车站应提供现场问询服务。

4. 客运组织管理的要求

（1）确保客运服务设施完好、标志标识明显

1）在车站和列车上设置运营线路图，提供首末班车时间、运行方向、到站和换乘等信息，并在站台上向乘客提供列车到达时间。

2）确保车站照明、通风、制冷、供暖、电梯、自动扶梯、自动售检票、站台门、卫生间和无障碍设施等客运服务设施设备完好、正常，并配置醒目、明确、规范的标志标识。

3）车站各类导向标志应清晰、完整，并保持正常工作状态。在通道、出入口明显位置设置清晰的导向标志引导客流进站、换乘、出站；在车站设置禁入标志，明示禁入区域，并设有阻挡外界人、物进入的禁入区域。

4）车站广告、商业设施、宣传品等的设置不得遮挡标志标识，不得影响车站行车和客运组织。

5）当车站不设站台门时，按规定在站台设置醒目的安全警示标识。

（2）根据车站客流情况，做好客流组织工作，加强巡查管理

1）优化车站客流组织，保证乘客进出站顺畅，避免进出站客流交叉。

2）车站客运服务人员应做好车站管理区域的巡查和管理。

3）在客流高峰时段应增派车站客运服务人员，维持乘车秩序。

4）当发生突发客流影响行车安全或乘客人身安全时，应及时采取控制措施，保障乘客安全和运营秩序。

5）发生紧急情况时，应采取措施防止事态扩大。

（3）采用多种宣传形式，向乘客宣传客运服务有关事项和安全知识

1）广播用语应以普通话为基本服务语言，可辅以英语、方言服务，表达应规范、清晰、准确。

2）车站应广播文明候车、安全乘车等信息；列车进站时，车站应广播列车开行方向、安全乘车等信息；换乘站应广播换乘信息。

3）列车到站时，应广播到达站站名；列车启动后，应广播前方到站站名，前方到站为换乘站时，应广播换乘信息；前方到站需要换开另一侧车门时，应提前告知乘客。

4）列车车门开关时，应通过声音和警示灯，提醒乘客注意安全。

5）遇到需要清客、不停车通过车站等情况时，应及时告知乘客。

6）发生突发事件时，应通过广播系统、乘客服务信息系统和专人引导等方式，引导乘客快速疏散，并向乘客做好解释工作。

7）需组织停运或改变运输组织方式时，应及时向相关主管部门报告并向社会公告。

8）发现有携带易燃易爆化学危险品的乘客，应禁止其进站乘车。因工作需要携带易燃易爆化学危险品的人员，应乘坐专用列车或其他符合安全运输规定的交通工具，进出站时和运输途中应做好安全防护措施。

5. 客运组织服务范围及要求

（1）客运组织服务范围

1）维护车站秩序，组织乘客有序乘降。

2）提供售票、检票、充值、退票、补票等票务服务。

3）处理乘客投诉和纠纷，回答乘客咨询。

4）提供无障碍乘车服务。

（2）加强服务管理，改进和提高客运服务质量

1）加强员工培训，增强爱岗敬业和优质服务意识。

2）提高员工的规范服务技能和业务水平。

3）建立与乘客沟通的渠道，加强与乘客的沟通。

4）建立投诉监督机制，接受社会监督。

（3）客运组织服务指标要求

1）列车正点率应不低于98.5%。

2）列车运行图兑现率应不低于99%。

3）有效乘客投诉率每百万人次不应超过3次，有效乘客投诉回复率应为100%。

6. 乘客行为规范

（1）乘客应遵守票务管理规定，持有效乘车凭证乘车，不得采取尾随、强行冲撞自动检票机（AG）等方式逃票。城市轨道交通因故中断运营时，乘客有权持有效车票要求运营单位按照票价退还票款。

（2）乘客不得有拦截列车、强行上下车、扒门等影响城市轨道交通运营安全的行为。

（3）乘客不得有在车站或者列车内涂写、刻画或者私自张贴、悬挂物品等影响城市轨道交通运营秩序的行为。

（4）发生突发事件需要疏散时，乘客应服从工作人员指挥和引导，有序疏散。

（5）提倡尊老爱幼、文明乘车的美德，应主动给老、弱、病、残、孕及怀抱婴儿的乘客让座和提供方便。

拒不遵守乘车规范的，运营单位有权制止其乘车；制止无效的，应报有关部门依法处理。

知识窗

影响城市轨道交通运营安全的行为

《城市轨道交通客运组织与服务管理办法》规定：禁止乘客有下列影响城市轨道交通运营安全的行为：

1. 拦截列车，在列车车门或站台门提示警铃鸣响时强行上下列车，车门或站台门关闭后扒门。

2. 擅自操作有警示标志的按钮和开关装置，在非紧急情况下动用紧急或者安全装置。

3. 携带有毒、有害、易燃、易爆、放射性、腐蚀性以及其他可能危及人身和财产安全的危险物品进站、乘车。

4. 攀爬或者跨越围栏、护栏、护网、站台门等，擅自进入驾驶室、轨道、隧道或者其他有警示标志的区域。

5. 向轨道交通线路、列车以及其他设施投掷物品。

6. 损坏车辆、站台门、自动售检票等设备，干扰通信信号、视频监控设备等系统。

7. 损坏、移动、遮盖安全标志、监测设施以及安全防护设备。

8. 在车站、列车内吸烟，点燃明火。

9. 在运行的自动扶梯上逆行、推挤、嬉戏打闹。

10. 影响运营安全的其他行为。

知识窗

影响城市轨道交通运营秩序的行为

《城市轨道交通客运组织与服务管理办法》规定：乘客不得有下列影响城市轨道交通运营秩序的行为：

1. 在车站或者列车内涂写、刻画或者私自张贴、悬挂物品。

2. 携带动物（导盲犬、军警犬除外）进站乘车，携带有严重异味、刺激性气味的物品进站乘车。

3. 推销产品或从事营销活动，乞讨、卖艺及歌舞表演，大声喧哗、吵闹，使用电子设备时外放声音。

4. 骑行平衡车、电动车（不包括残疾人助力车）、自行车，使用滑板、溜冰鞋。

5. 在列车内进食（婴儿、病人除外）。

6. 随地吐痰、便溺、乱吐口香糖，乱扔果皮、纸屑等废弃物，躺卧或踩踏座席。

7. 在车站和列车内滋扰乘客的其他行为。

二、客运组织工作机构组成

城市轨道交通系统按照功能不同，可分为两大组成部分：一是维持城市轨道交通基本功能的乘客运输服务系统，主要任务是组织列车运行和进行乘客服务；二是运营保障系统，主要任务是确保线路、供电、车辆、信号等设施设备安全、可靠、高效运行。

1. 运营单位管理架构

在不同的时期，城市轨道交通运营单位的管理组织架构设置也不尽相同，但总体上都包含几个基本的专业分工。例如，职能部门有人事、培训、财务、后勤、安全、技术管理、采购等部门；生产部门有站务管理、乘务管理、调度指挥、票务管理、车辆、供电、通信信号、机电等部门。城市轨道交通运营单位主要生产部门及职能见表 1–2。

表 1–2　城市轨道交通运营单位主要生产部门及职能

生产部门	主要职能
站务管理	负责车站行车组织、客运组织与服务、票务服务等工作
乘务管理	负责司机管理、车辆段行车组织等工作
调度指挥	负责行车组织指挥、客运调度指挥、电力调度指挥等工作
票务管理	负责票务收益、票务设备维护、票务数据管理等工作
车辆	负责电客车、工程车等车辆的维修保养
供电	负责变电系统、接触网系统等设备的维修保养
通信信号	负责通信设备、信号设备等的维修保养
机电	负责照明、环控设备、自动扶梯、站台门等的维修保养

与客运组织工作密切相关的生产部门是站务管理、调度指挥、票务管理、机电等部门。

2. 运营控制中心组织架构

运营控制中心（OCC）是城市轨道交通系统运营日常管理、设备维修、行车组织的指挥中心，设有调度主任、行车调度员、电力调度员、环控调度员和维修调度员，各调度员对全线列车运营和设备运行情况进行总的监视、控制、协调、指挥和调度。运营控制中心也是城市轨道交通系统运营信息收发中心。

3. 车站组织架构

车站是城市轨道交通系统的重要组成部分，是运营单位与服务对象的主要联系环节。车站管理的核心任务是安全、快速地组织客流集散。我国各大城市轨道交通车站的组织架构和岗位设置不尽相同，客运组织工作岗位的工作职责和作业流程也有一定的差异。一般车站常驻人员主要包括站务人员、安保人员、保洁人员、设备维修人员、地铁公安人员、商铺人员等。图 1–4 所示为典型的城市轨道交通车站组织架构。

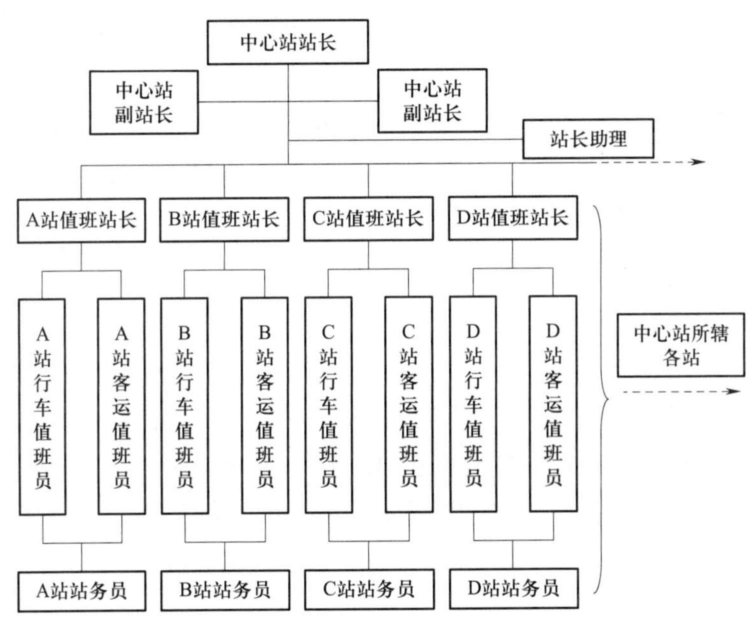

图 1–4　典型的城市轨道交通车站组织架构

在该运营单位，车站实行逐级负责制，顺序依次为中心站站长、中心站副站长、值班站长、值班员、站务员。信息汇报实行逐级汇报，由下至上顺序依次为站务员、值班员、值班站长、中心站副站长、中心站站长。紧急情况下，可越级指挥、越级汇报。车站对车站内的保洁人员、商铺人员、施工人员等站内工作人员具有管理权限。在紧急情况下，中心站站长、中心站副站长、值班站长可调动车站保洁人员、维修人员等在车站范围内的所有其他工作人员参与应急处置。

三、客运组织工作主要内容

客运组织工作按照业务范围不同，可分为票务组织、车站日常客流组织、大客流组织和应急处置与危机处理。

1. 票务组织

票务组织工作是城市轨道交通车站日常工作的重要组成部分，是城市轨道交通运营单位向乘客提供售检票服务、完成收益结算和实现财务管理的过程。

车站工作人员在服务过程中，应做好车票、现金、有价证券的日常管理和交接工作，熟练运用售检票作业、报表填写等业务技能，正确、熟练地操作自动售检票设备，遇到设备故障时能进行相应的票务处理，协同车站各岗位员工开展票务管理工作，保证设备运作正常、票务收益安全，维护乘客和运营单位的合法权益。

2. 车站日常客流组织

车站应根据本站客流流线组织乘客进出站和换乘。因新线开通、车站客流变化、车站设施设备布局改变、枢纽站衔接等原因，需要对客流流线进行调整的，应对车站整体客流流线、人员疏散情况进行统筹论证，必要时可组织专家进行风险评估。

车站客流流线设置、设施设备布局等应综合考虑反恐防范、安检、治安防范和消防安全需要。与火车站、长途客运站、机场等相衔接的车站，其安检场地应为安检互认提供便利，减少重复安检，提高通行效率和服务水平。

3. 大客流组织

某些大客流可根据客流规律或已知信息进行预测，运营单位能够提前在人员安排、客流控制措施、客运备品等方面做好预想和准备，称之为常态化大客流。运营单位应当持续监测客流情况，科学编制列车运行计划，在线路设计能力范围内合理安排运力，不断满足客流需求，做好工作日高峰时段、节假日和大型活动时的大客流组织。

根据级别不同，大客流组织方法可分为较大客流组织方法和超大客流组织方法。超大客流组织方法包括单站级客流控制、单线级客流联控、线网级客流联控。单站级客流控制包括一级客流控制、二级客流控制、三级客流控制。

4. 应急处置与危机处理

发生突发大客流时，客运人员应当协调行车调度人员及时增加运力进行疏导。预判站台客流聚集超过预警值、可能危及安全时，应当实施单站级客流控制。无法缓解客流压力的，应当在本线多个车站实施单线级客流联控；预判断面客流满载率超过预警值时，应当在本线及与之换乘的线路车站实施线网级客流联控。预警值由运营单位客运人员根据站台设计容纳能力、设施设备配置、客流规律等确定。

城市轨道交通车站和列车是人群集中的公共设施，一旦发生火灾、爆炸、恐怖袭击等突发事件，不仅会引起沿线交通瘫痪，若应急处置不当，还会造成群死群伤的后果，严重影响社会秩序。当城市轨道交通车站发生突发事件时，各岗位员工应遵循突发事件的处理原则，团结协作、迅速高效地妥善处置，防止事故扩大、升级，最大限度减少事故造成的危害和损失。

城市轨道交通运营危机处理是指针对可能或已经对城市轨道交通形象和品牌声誉造成潜在或实际威胁，或影响城市轨道交通正常运营的事件，迅速反应、主动掌握、有效处置、积极防御、转危为机，起到避免危机或使危机造成的损失降至最小的效果。

第三节　客运组织技术方法发展

城市轨道交通自诞生之日起，随着城市发展、居民出行需求变化和科学技术进步，新技术、新方法不断应用于客运组织工作中。对于一个城市的轨道交通系统而言，在不同发展阶段，客运组织关注的重点也不尽相同，随着运营线路由“线”到“网”发展，客运组织方法也日趋丰富完善。

一、票务组织技术方法发展

城市轨道交通票务组织技术方法发展主要体现在票卡媒介、票制和售检票方式的发展和更新换代上。

1. 票卡媒介发展

城市轨道交通票卡媒介发展经历了纸质车票、磁卡车票、智能卡车票、手机支付四个发展阶段，其发展方向是无现金交易和支付便捷化。

（1）纸质车票

纸质车票可分为普通纸票和条形码纸票。普通纸票是将车票的相关信息印制在票面（纸质）上，由票务人员识读确认。票面基本信息包括车票编号、出票站点、乘车日期、乘车车次、乘车区间、票款金额、时间限制和换乘信息等。条形码纸票在使用时通过检票设备读取车票信息。图 1-5 所示为北京地铁部分早期纸质车票。

（2）磁卡车票

磁卡车票是利用磁信息完成记录的车票。磁卡的一面带有提示性指导（如插卡方向），另一面印着磁层或磁条，用来记录车票信息。磁卡车票无须人工检票，配合自动检票机使用，乘客只需按照方向指示刷卡进出站即可。磁卡车票因自动化程度高和可循环使用的优势淘汰了纸质车票，但长期使用时容易消磁，需要额外维护成本。图 1-6 所示为磁卡车票。

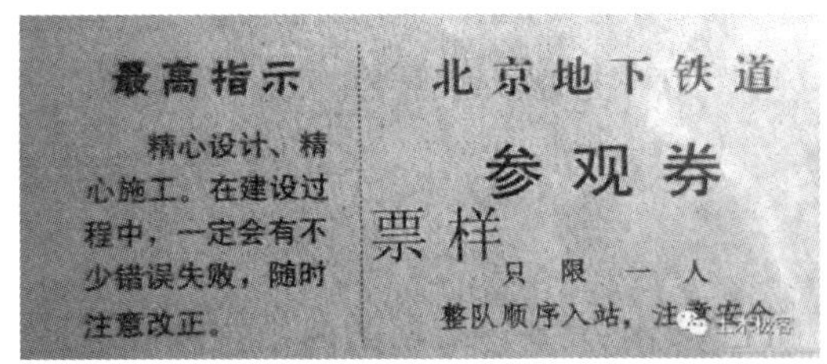

a)

b)

c)

d)

图 1-5　北京地铁部分早期纸质车票

a）参观券（1969 年）　b）三元车票（1999 年）　c）月票（2006 年）　d）单程车票（2007 年）

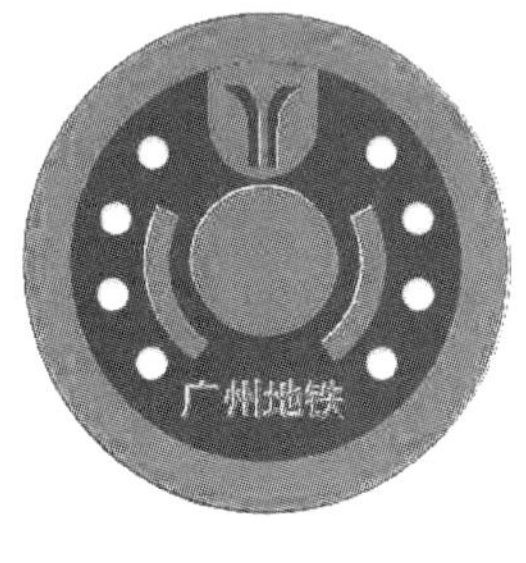

a)　　b)

图 1-6　磁卡车票

a）磁卡车票（上海地铁）　b）磁卡车票（广州地铁）

（3）智能卡车票

智能卡车票结构为标准的塑料基片内置集成电路芯片，卡面外观与磁卡车票类似。根据读写方式不同，智能卡车票可分为接触式智能卡、非接触式智能卡和双界面卡。非接触式智能卡是目前在地铁中应用最广泛的票卡媒介形式，也称射频卡。

（4）手机支付

随着智能手机的普及，手机支付已普遍应用于城市轨道交通。手机支付经历了 RF-SIM 技术手机支付、NFC 手机支付和手机 App 支付三个阶段。RF-SIM 技术手机支付是指利用将 RFID 技术和手机 SIM 卡结合在一起形成的 RF-SIM 卡支付票款。具备 NFC 功能的手机可以实现 NFC 手机支付功能，在支付时将具有 NFC 功能的设备模拟成一张非接触卡，用户只需将手机靠近读卡器，直接接收交易信息即可。

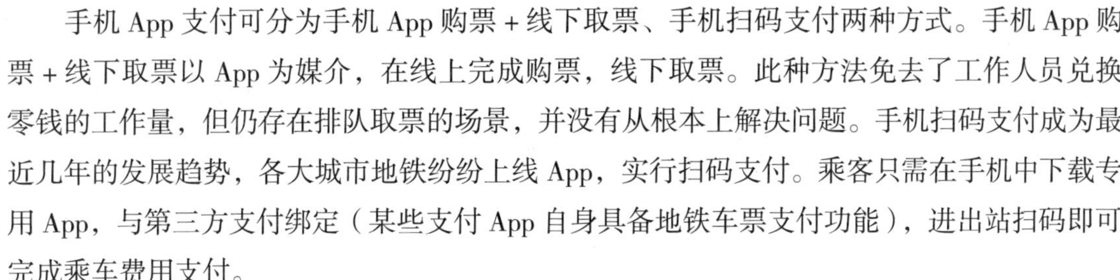

手机 App 支付可分为手机 App 购票 + 线下取票、手机扫码支付两种方式。手机 App 购票 + 线下取票以 App 为媒介，在线上完成购票，线下取票。此种方法免去了工作人员兑换零钱的工作量，但仍存在排队取票的场景，并没有从根本上解决问题。手机扫码支付成为最近几年的发展趋势，各大城市地铁纷纷上线 App，实行扫码支付。乘客只需在手机中下载专用 App，与第三方支付绑定（某些支付 App 自身具备地铁车票支付功能），进出站扫码即可完成乘车费用支付。

2. 票制发展

票制是指城市轨道交通乘车收费制度，即车票分类、制作、发售、使用规则及计费方法、票价率等规定的总称。合适的票制有利于形成灵活有效的收费策略，达到吸引客流、增加运营收入、提高出行分担率的目的。现行的票制大体上分为单一票制、分区票制、区间票制、计程票制和其他辅助票制等类型。国内部分城市的轨道交通经历了从单一票制或区间票制向计程票制发展的过程，计程票制是目前的主流票制。

（1）单一票制

单一票制是指在一次乘行中，无论乘行距离长短，票价都相同的票制。单一票制售检票操作容易，但每位乘客的运价率存在明显差异，具有不公平性，且难以准确统计客流信息。2007—2014 年北京地铁采用这一票制方式，后已改为计程票制。目前采用单一票制的城市轨道交通系统极少。

（2）分区票制

分区票制是将城市轨道交通网络分成若干区域计算票价的票制，如果在同一区域内出行，只需支付在该区域的费用，一旦越区则需另外支付费用。该票制方式在一些欧洲国家比较流行，在城市核心区采用“同心圆”的方式层层划分区域，划分区域与出行目的、出行距离等因素密切相关。

（3）区间票制

区间票制也称区间计价制，是根据乘坐区间的多少进行阶梯收费的票制。这种票制结构较为简单、容易操作，但乘坐里程与票价之间没有直接联系，在长、短区间收费不公平。区间票制曾在成都、沈阳、西安等少数城市的地铁系统使用过，目前均已改为计程票制。

（4）计程票制

计程票制也称里程计价制，是根据乘坐里程的多少进行阶梯收费的票制。计程票制收费标准精确合理，有效兼顾长、短途乘客需求，能够准确反映价值与价格的关系，是目前的主流票制方式。但是，计程票制系统复杂程度高，必须依托高效的自动化售检票设备。

知识窗

区间票制、计程票制举例

成都地铁曾经实行区间票制：票价标准为 2 ~ 5 元票价计价区间，起价 2 元可乘坐 6 个区间，3 元可乘坐 10 个区间，4 元可乘坐 16 个区间，5 元可乘坐 24 个区间。

成都地铁目前采用计程票制：起价 2 元可乘坐 4 公里，3 元可乘坐 8 公里，4 元可乘坐 12 公里，5 元可乘坐 18 公里，6 元可乘坐 24 公里，7 元可乘坐 32 公里，8 元可乘坐 40 公里，9 元可乘坐 50 公里，10 元可乘坐 70 公里，后续每增加 1 元可多乘坐 20 公里，以此类推。

（5）其他辅助票制和票价优惠

其他辅助票制可作为基本票制的补充，主要包括计时票和计次票。例如，广州地铁发行有一日票、三日票，乘客持一日票（三日票）首次进闸起 24 h（72 h）内可不限次数、距离和线路乘坐地铁，每张 20 元（50 元）。苏州轨道交通发行有计次票（50 次 175 元、100 次 300 元），使用计次票乘车时，每次乘车不限里程，出站时扣除一次乘车次数。

除基本票制和辅助票制外，运营单位一般还会制定乘车优惠政策。例如，现役军人、残疾军人、学生、老年人等可以享受部分或全部费用免除等优惠，储值类票卡、单程团体乘车等可以享受一定的折扣优惠等。

3. 售检票方式发展

城市轨道交通售检票方式可分为开放式售检票和封闭式售检票。开放式售检票没有划分付费区与非付费区，在车站不设检票口，乘客上车前检票或在列车上检票，并随机查票。这种方式主要存在于一些欧美国家。封闭式售检票分为人工售检票和自动售检票。

售检票方式跟票卡媒介密切相关。自动售检票就是伴随着磁卡车票的使用而诞生的，是目前主流的售检票方式。根据票卡媒介不同，自动售检票可分为磁卡型、接触式 IC 卡型、非接触式 IC 卡型等类型。随着手机支付等新技术、新方法的兴起，城市轨道交通售检票方式也在不断变化和更新。

目前大部分城市轨道交通系统已经应用了自动售检票系统（automatic fare collection system，简称 AFC 系统）。自动售检票系统综合运用计算机、统计、财务等专业知识，可以实现售票、检票、计费、收费、统计、清分结算和运营管理等全过程的自动化。

自动售检票系统由清分系统、线路中央计算机系统、车站计算机系统、车站终端设备和票卡媒介五层构成。清分系统负责各线路票款收入的清分；线路中央计算机系统负责管理本线路的自动售检票设备；车站计算机系统负责管理本站的自动售检票设备；车站终端设备

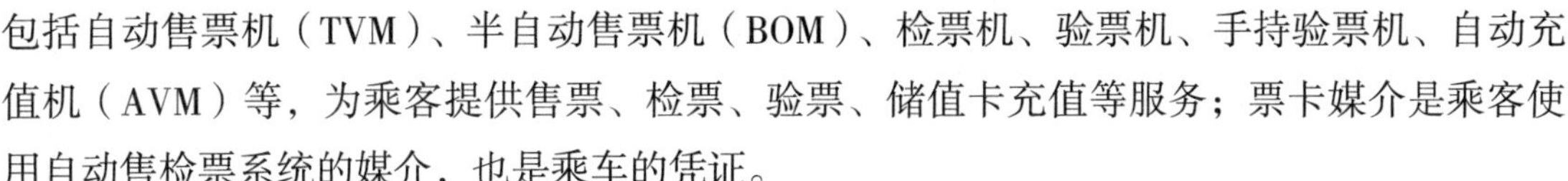

包括自动售票机（TVM）、半自动售票机（BOM）、检票机、验票机、手持验票机、自动充值机（AVM）等，为乘客提供售票、检票、验票、储值卡充值等服务；票卡媒介是乘客使用自动售检票系统的媒介，也是乘车的凭证。

二、客流组织技术方法发展

截至 2019 年年底，中国内地共有 40 个城市开通轨道交通，19 个城市拥有 4 条及以上运营线路和 3 座及以上换乘站，南京、武汉、重庆、深圳、天津、苏州等形成一定线网规模，广州、成都形成较大线网规模，上海、北京形成超大线网规模。同时，一批城市新线路、新城市的轨道交通线路正在规划、论证、报批、建设过程中，处在不同发展阶段的线网规模同时存在。不同发展阶段线网的客流组织技术方法不尽相同。

1. 线网发展初期的客流组织技术方法

线网发展初期，仅有一条或两条线路，不存在或仅存在一座换乘站。此时，线网构成简单，总体客流量小，线网的客流压力主要在单条线路上，客流组织的重点是单个车站。

（1）掌握单个车站客流规律

观察和分析车站周边场所布局，掌握客流规律，根据客流规律开展客流组织，可以提高客流组织效率。城市轨道交通车站客流量大小和客流规律主要由其辐射区域的城市用地性质决定，中心城区、成熟商业区、社区与郊区所在地车站的客流量差异巨大。邻近社区、商业区、旅游区、体育馆、客运枢纽等不同区域的车站，其客流高峰时段也不同。

（2）分析站内客流瓶颈位置

城市轨道交通车站在设计阶段已经充分考虑了内部空间、出入口布局，以及各项设施设备的布局、位置等要素，如出入口的数量、通道的长度和宽度等，以实现安全、快速组织乘客集散的目的。一座车站内的客流瓶颈位置是很容易找到的，但在实际运营中，还是会随着客流量大小变化而变化。应采集车站结构、设施设备布局、客流特点等信息，并对车站的出入口、通道、闸机、乘降设备等主要位置进行通过能力分析，找出客流瓶颈位置，为优化站内乘客走行路径提供依据。

（3）控制客运安全重点区域

线网发展初期的另一个重要关注点是客运安全。站厅、站台乘客密度大，自动扶梯、电梯运行速度快，都存在较高安全风险，是车站内部安全重点控制区域，需要增加人手和重点监控。

当站内客流持续增加，达到一定程度时，可根据“由下至上，由内至外”原则，分别在付费区、非付费区、出入口等位置采取客流控制措施，确保站内客流组织安全、有序。

2. 线网发展中期的客流组织技术方法

线网发展中期，运营线路持续增加，线网逐步发展，换乘站数量持续增加。此时，线网构成不复杂，总体客流量不大，换乘客流呈现重要性，客流组织的重点是换乘站。

（1）掌握换乘客流规律

站内换乘客流规律与换乘站所在地理位置、周边布局和换乘线路有关，一天内不同时段的换乘客流也不一样。应研究分析车站的换乘客流量，重点分析换乘比例较大线路的乘客走行路径，做好预想。

（2）优化换乘走行路径

换乘站乘客走行路径的多样性和不均衡性会影响客流组织效率。应根据实际情况，采取有效措施，优化换乘走行路径。例如，可以通过改变通道、楼梯、扶梯的通行方向，设计新的换乘走行路径。

换乘站的客流分为进站客流和换乘客流，其客流控制应同时遵循“由下至上，由内至外”和“先控制进站客流，再控制换乘客流”的原则。

3. 线网发展成型期的客流组织技术方法

线网发展成型期，运营线路增加到一定程度，线网具备一定规模。此时，线网构成复杂，总体客流量较大，换乘客流对线网造成压力，客流组织的重点是线网重点区域或重点线路。

（1）掌握线路客流规律

运用自动售检票系统可以分析过去一段时间内某条线路、线网局部或整个线网的客流时空分布规律。工作日高峰时段和节假日客流分布规律是筛选重点线路、线网重点区域的重要依据。

（2）合理分配线路运能

在单个车站客流控制的基础上，可以实行单条线路客流控制，即由“站控”转向“线控”。在客流量大的车站的前方站实施客流控制，可以降低到达列车的载客量，缓解车站客流压力，实现线路运能的有效分配。

当线网客流量持续增加，单条线路的客流控制无法满足线网大客流疏导的需要时，可根据本线路的客流压力限制邻近线路的换乘客流，实现线网运能的有效分配，即由“线控”转向“网控”。

4. 线网发展成熟期的客流组织技术方法

线网发展成熟期，运营线路达到一定数量，不再快速增加。此时，线网规模超大、稳定、复杂，总体客流量超大，换乘客流比例较高，换乘客流量对线网客流的压力十分明显，客流组织的重点是整个线网。

（1）实行组团线网控制

当多条线路交叉，多座换乘站连续或相近布置时，换乘客流对线网局部车站客流的影响更加复杂。可以通过将客流来源相近的换乘车站“组团”，在需要启动线网客流控制时，由原来的以某个大客流车站为主、其他车站配合的客流控制方式，转向集中对组团车站群的配合，达到集中客流控制力量、提升客流控制效果的目的。

（2）组织分级线网联控

在原有线网客流控制的基础上，建立大客流线网联控分级制度。针对不同客流压力程度下的客流组织，设置不同级别、梯度的线网联控级别，使客流控制更加系统、明确、有效，充分挖掘线网运输能力。

三、客运组织在智慧型城市轨道交通建设中的新发展

中国城市轨道交通协会研究编制了《中国城市轨道交通智慧城轨发展纲要》，指导今后一个时期（即 2020—2035 年）城市轨道交通行业实施智慧型城市轨道交通建设。

智慧型城市轨道交通建设将创建智慧乘客服务、智能运输组织、智能能源系统、智能列车运行、智能技术装备、智能基础设施、智能运维安全和智慧网络管理八大体系，建立一个城轨云与大数据平台，制定一套中国智慧城轨技术标准体系。城市轨道交通客运组织将在智慧乘客服务和智能运输组织的建设过程中迎来新的发展机遇。

1. 智慧乘客服务

创建智慧乘客服务体系，提高乘客服务的便捷化、舒适化、智能化水平。一是提升票务服务的智能化水平，提高售检票、乘车智能化水平；二是提供智慧出行咨询，聚合多平台出行服务内容，按乘客出行需求定制化提供多种出行解决方案；三是研发智慧客流管理系统，提供可知、可调、可控的大数据管理应急处置解决方案；四是建立智能安检（防）系统，实现“人”“票”“物”和异常行为四合一核验；五是研发智慧车站系统，建立车站智能公共突发事件应急响应管控体系；六是智能环境动态调控，根据季节、温湿度、客流等变化自动调节温湿度，为乘客提供舒适的环境；七是提升列车智能服务水平，实时显示列车运行区间、前方站到发时刻，基于乘客用户画像，为乘客提供可感知、有温度、个性化、推送式服务。

2. 智能运输组织

构建网络化智能运输组织体系和线网运营调度（应急）指挥中心，实现运能运量精准匹配、线网运输互联互通、乘客出行快捷便利、网络化运输组织高效。一是建造集调度指挥和应急响应为一体的线网运营调度（应急）指挥中心（NOCC）；二是研发基于轨道交通网络多源客流数据融合的精准化计算、智能化分析、网络化运营的列车运行计划编制系统，实现网络客流监测预警、网络运力资源优化配置、运能运量精准匹配和全自动列车运行行车组织；三是研究重要交通枢纽的客流态势演变、客流协同管控和综合交通协同调度，提高运输效率，保障行车安全；四是深化研究市区城轨、市域快轨、城际铁路“三网”运输功能定位

及与铁路、民航、公交等多种运输方式之间的协调衔接，在城市主管部门协调组织下，实现公共交通资源信息共享和协同运用。

未来，可通过研发线网大客流预警分析与监控系统、辅助决策系统、应急协调联动系统、高效能耗管理系统、环境质量管理系统及人员绩效管理系统等，实现车站行车和环境设备的自动 / 半自动运行、泛在感知和安全便捷的乘客服务，进而实现区域站点集中值守和远郊车站无人值守的管理模式。

思考与练习

1. 什么是城市轨道交通？有哪几种制式？

2. 城市轨道交通客运组织工作的一般要求有哪些？

3. 城市轨道交通客运组织工作包括哪些主要内容？

4. 查阅中国城市轨道交通协会官方网站的最新年度统计年报，获取以下数据：开通轨道交通的城市数、运营线路总数、运营线路总长度、投运车站总数、全年客运总量、日均客运总量、平均客运强度、高峰小时断面客流量最高值及所在线路名称。

5. 你所在城市目前可实现移动支付的乘车 App 有哪些？

第二章 车 站

学习目标

- ◆ 能够描述城市轨道交通车站的功能，列举其类型、结构组成。
- ◆ 能够正确使用导乘标志系统、乘客信息系统、乘降设备系统和站台门系统。
- ◆ 能够描述车站组织架构，列举车站岗位设置，完成车站的日常工作。

车站是城市轨道交通系统的重要组成部分，是运营单位与服务对象的主要联系环节，是客运组织工作的主要场所。车站管理的核心任务是安全、快速地组织客流集散。车站能否正常运作，直接影响到整个城市轨道交通系统的运行。

车站设置、类型和结构对车站客运组织工作有重要影响。车站内的导乘标志系统、乘客信息系统（PIS）、电梯系统等直接服务于乘客，其运营状态直接影响客运服务水平。车站运作的主要内容包括组织架构与岗位设置、车站开启与关闭和日常工作等。

第一节 车站概述

车站是完成城市轨道交通运输生产任务的基层生产单位。影响车站客运组织工作的主要因素是车站的设置、类型和结构。

一、车站的设置

车站的设置由车站的功能、车站规模的确定和车站站间距组成。

1. 车站的功能

城市轨道交通车站应具备以下功能：

（1）车站是城市轨道交通网络的节点，其数量、规模和能力直接影响城市轨道交通建设成本和运营水平。

（2）车站是线路上供列车到、发和折返的分界点，应保证行车安全和具备必要的通行能力。

（3）车站是办理客运业务和各工种工作协作进行运输生产的基地。

（4）车站是乘客乘坐城市轨道交通出行的始、终点和换乘地点，是运营单位与服务对象的主要联系环节。

2. 车站规模的确定

在进行车站总体布局之前，一般要确定车站规模。车站规模主要指车站站台外轮廓尺寸、层数和用房面积的大小等。车站规模主要根据本站远期预测高峰客流量、所处位置的重要性、站内设备和管理用房面积及该地区远期发展规划等因素综合考虑确定。其中，客流量大小是一个重要因素。

城市轨道交通车站规模一般分为分三个等级。在大城市中，车站规模按三个等级设置；在中等城市中，其规模可以设两个等级。车站规模等级适用范围见表 2–1。

表 2–1　车站规模等级适用范围

规模等级	适用范围
大型站（甲级站）	适用于客流量大且地处城市中心区的大型商贸中心、大型交通枢纽中心、大型集会广场、大型工业区及位置重要的政治中心地区
中型站（乙级站）	适用于客流量较大且较繁华的商业区、中型交通枢纽中心、大中型文体中心、大型公园及游乐场、较大的居住区及工业区
小型站（丙级站）	适用于客流量不大的地区

注：客流量特别大、有特殊要求的车站，其规模等级可列为特级站。

车站规模的大小将直接影响工程造价的高低。规模过大，投资太高；规模不足，满足运营需要的期限短，影响运营功能且日后改建困难。因此，在确定车站规模时，应慎重进行技术经济比较。

3. 车站站间距

车站站间距是指两个车站之间的距离，又称车站站距。

我国国家标准《地铁设计规范》（GB 50157—2013）规定：车站间的距离应根据现状及规划的城市道路布局和客流实际需要确定，一般在城市中心区宜为 1 km 左右，在城市外围区应根据具体情况适当加大车站间的距离。

车站站间距的选择有两种趋势：一种是小站间距，平均为 1 km 左右，如香港地铁平均站间距离为 1 050 m，其中港岛线仅为 947 m；另一种是大站间距，平均为 1.6 km 左右，如莫斯科地铁平均站间距为 1 700 m。

站间距的大小会有以下影响：

（1）工程造价

站间距越小，车站数量越多，城市轨道交通的造价就越高。

（2）运营费用

城市轨道交通的运营速度与站间距的平方成正比，站间距越小，速度越低，需要更多的车辆满足乘客的需要；频繁停车更耗电，也会加大轮对磨损。

（3）乘客出行时间

站间距小，乘客步行时间短；站间距大，乘客乘车的时间短。

二、车站的类型

城市轨道交通车站可根据客流量大小、设置位置、运营功能、是否具有站控功能和站台类型等进行分类，不同类型的车站服务乘客的功能不同，客流组织方式也不同。

1. 按客流量大小分类

城市轨道交通车站按客流量大小不同，可分为大车站（高峰每小时客流量在 3 万人次以上）、中等车站（高峰每小时客流量在 2 万 ~ 3 万人次）和小车站（高峰每小时客流量在 2 万人次以下）。

2. 按设置位置分类

城市轨道交通车站按设置位置不同，可分为地下站（线路、主体建筑和设备设施设置在地下隧道，又可分为浅埋式车站和深埋式车站）、地面站（线路、主体建筑和设备设施设置在地面）和高架站（线路、主体建筑和设备设施设置在高架桥上），如图 2–1 所示。

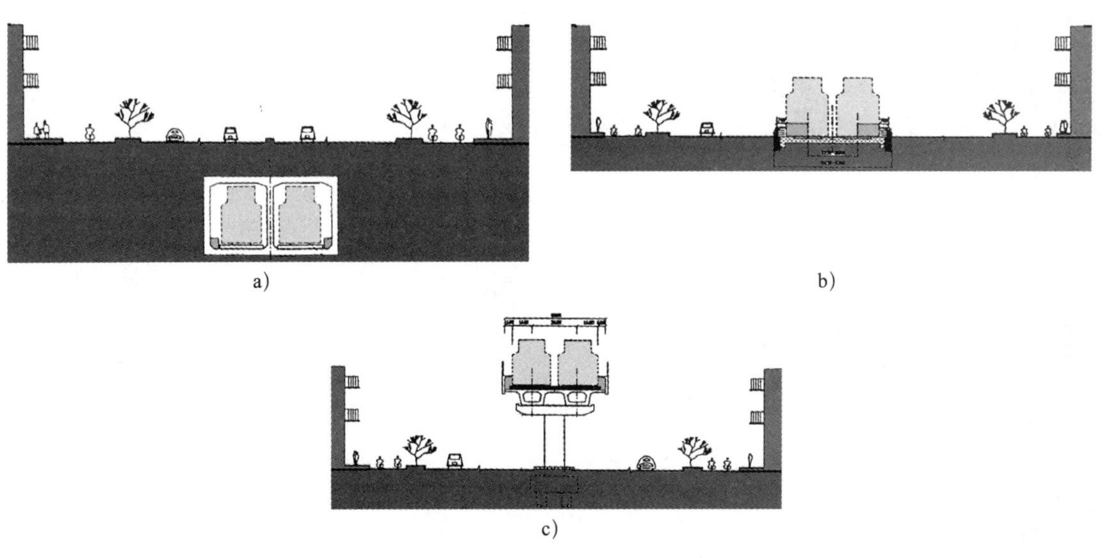

图 2–1　地下站、地面站和高架站

a）地下站　b）地面站　c）高架站

3. 按运营功能分类

城市轨道交通车站按运营功能不同，可分为终点站、中间站、折返站和换乘站。

终点站是指线路两端或列车交路两端的车站，除供乘客上下车外，通常还具有列车折返、停留或临时检修等运营功能。

中间站一般只供乘客上下车，是线网中数量最多的车站。有的中间站设有配线，可供列车越行；也有的中间站设有折返设备，可供列车折返。

折返站是终点站与中间站中设有折返线、渡线等折返设备，可供长、短交路列车进行折返作业的车站。

换乘站设在不同线路的交汇地点，除供乘客上下车外，还供乘客由一条线路的列车换乘到另一条线路的列车上去。

4. 按是否具有站控功能分类

城市轨道交通车站按是否具有站控功能，可分为集中站和非集中站。

集中站指具有站控功能的车站，即车站值班员根据调度命令，可监控集中站管辖线路上的列车运行、办理电话闭塞行车和执行扣车、催发车等列车运行调整措施。集中站通常为有道岔车站。

非集中站指不具有站控功能的车站，通常为无道岔车站。

5. 按站台类型分类

城市轨道交通车站按站台类型不同，可分为岛式站台车站、侧式站台车站和混合式站台车站。站台的类型包括：

（1）岛式站台

岛式站台位于上下行行车线路之间，具有站台面积利用率高、能灵活调剂客流、乘客中途改变乘车方向方便、车站管理集中、站台空间宽阔等优点，一般常用于客流量较大的车站。

（2）侧式站台

侧式站台位于上下行行车线路的两侧，上下行乘客可避免相互干扰，站台面积利用率低，不可调剂客流，中途改变乘车方向需要经地道、天桥、站厅，多用于两个方向客流量较均匀（或流量不大）的车站。

（3）混合式站台

混合式站台是将岛式站台和侧式站台结合起来设在一个车站内的站台。混合式站台主要用于两侧站台换乘或列车折返，可布置成一岛一侧式或一岛两侧式等。

三、车站的结构

城市轨道交通车站主要由车站主体、出入口和通道、风亭和冷却塔三大部分组成。

1. 车站主体

车站主体包括站台、站厅、运营管理用房、设备用房等建筑和设施，根据使用功能不同，可分为乘客使用空间和车站使用空间两大部分。

（1）乘客使用空间

乘客使用空间是为乘客直接提供服务的空间，可分为非付费区和付费区。

非付费区是乘客未正式购票进入站台前的流动区域。站厅一般应有一定的空间，用于设置售检票设施。根据需要还可设银行、公用电话、小卖部等设施。地下站、高架站通道如果与人行道连接，非付费区也常被用作人行过街通道的一部分。

付费区包括部分站厅、站台，以及连接站厅、站台的楼梯、自动扶梯等，是为停车和乘客乘降提供服务的设施。付费区部分的站厅实际上是从进出站闸机到站台间的缓冲区域，通常换乘也在此区域内完成。

站台是最能直接体现车站主要功能的场所，其主要作用是供列车停靠、乘客候车和上下车等。站台边缘一般安装有站台门（屏蔽门），将站台与轨行区分隔开。

乘客使用空间是车站设计的重点，要注意进出站乘客走行路径的合理性，以保证乘客方便、快捷地进出车站。

（2）车站使用空间

车站使用空间包括运营管理用房、设备用房和辅助用房三部分。

运营管理用房主要包括站长室、车站控制室、票务室、会议室等。车站控制室要求视野开阔，能观察站厅层的运营管理情况，一般设于站厅公共区的尽端或中间，室内地平面要高于站厅公共区地平面。站长室一般紧挨着车站控制室设置，便于快速处理突发情况。

设备用房一般布置在车站的两端，其中面积最大的是环控设备用房。其他的主要设备用房还有信号设备用房、通信设备用房、防灾报警设备用房、监控设备用房等。

辅助用房是为保证车站内部工作人员正常工作生活所设置的用房，主要包括厕所、盥洗室、更衣室、休息室、茶水间、储藏室等。

2. 出入口和通道

出入口和通道是供乘客进出车站的建筑设施，主要作用是吸纳和疏散客流。

（1）出入口和通道设置的一般要求

1）地下车站出入口位置最好选择在沿线主要街道的交叉路口或广场附近，尽量扩大服务半径，方便乘客。

2）车站出入口布置应与车站主要客流量的方向一致，宜与过街天桥、过街地道、地下街、邻近公共建筑物相结合或连通，统一规划，同步或分期实施。

3）车站出入口不得少于两个。

4）地下车站出入口通道力求短、直，通道的弯折不宜超过三处，弯折角度不宜小于90°，长度不宜超过 100 m，否则应采取满足消防疏散要求的措施。

（2）车站出入口和通道的平面形式

车站出入口及通道的平面布局一般有一字形、L 形、T 形三种基本形式，以及由基本形式变化的其他形式。

1）一字形出入口。一字形出入口的出入口与通道呈一字形布置，占地面积小，人员进出方便。由于口部宽度要求，一字形出入口不宜修建在路面狭窄地区。

2）L 形出入口。L 形出入口的出入口与通道呈一次转折布置。由于端口部较宽，L 形出入口不宜修建在路面狭窄地区。

3）T 形出入口。T 形出入口的出入口与通道呈 T 形布置。T 形出入口人员进出方便，由于口部比较窄，比较适用于路面狭窄地区。

4）其他形式出入口。具体形式根据出入口位置要求、地面交通换乘要求确定，常用的有 n 形和 Y 形出入口。n 形出入口的出入口与通道呈两次转折布置，人员要走回头路。由于环境条件所限，出入口长度按一般情况设置有困难时，可采用这种布置形式的出入口。Y 形出入口常用于一个主出入口通道有两个及两个以上出入口的情况，布置比较灵活，适应性强。

3. 风亭和冷却塔

风亭是为地下车站和隧道提供通风、换气功能的设施，在地下车站或隧道发生火灾时起到送风和排烟作用，按功能不同分为活塞风亭、进风亭和排风亭。风亭的结构一般为出地面的带盖风井构造，其设计可根据周边环境条件采用独立式或合建式。

冷却塔的功能主要是为车站的环境控制系统散热，也是出地面结构。

第二节　车站客运设备

城市轨道交通车站客运组织工作过程中会使用到很多客运设备，主要包括导乘标志系统、乘客信息系统、乘降设备系统、站台门系统和其他客运设备等。

一、导乘标志系统

1. 导乘标志系统的定义

导乘标志系统是指为引导乘客安全、便捷地进站、购票、乘车、换乘和出站等而连贯设置于城市轨道交通车站外、车站内和列车上的一系列标志的总称，也包括在紧急情况下进行客流疏散的紧急疏散标志。

2. 导乘标志系统的分类

导乘标志系统按照用途不同，可分为确认标志、导向标志、综合信息标志、禁止标志、安全警告标志、消防安全标志等，如图 2-2 所示。

其中，导向标志按照导向的目的可分为进站导向标志、出站导向标志、换乘导向标志和疏散导向标志等。

3. 导乘标志系统设置和优化的原则

在设置和优化城市轨道交通导乘标志系统时，应遵循以下原则：

a)

b)

c)

d)

e)

f)

图 2–2　导乘标志

a）确认标志　b）导向标志　c）综合信息标志　d）禁止标志　e）安全警告标志　f）消防安全标志

（1）以国家标准《地铁设计规范》为原则，在确保标志设计规范的基础上，采用创新的布局设计，提供清晰、准确和高效的导向服务。

（2）结合车站站场形式，以主体客流流线为基础，符合导向前置原则，根据进站、出站及换乘流线走向选择节点位置，利用颜色系列标志进行引导识别，为乘客提供连贯、鲜明的导向指引，满足客运组织需要。

（3）结合区域客流特点，根据车站所处地理位置环境，充分考虑乘客出行特点，以乘客需求为导向，以人体工程学为依据，从视觉特征的角度出发，根据乘客的视野及行为习惯，合理确定标志的位置、间距及高度等。

（4）充分利用车站空间，在载体形式、悬挂位置、可视空间等方面进行多重创新，达到多维可视的效果。

（5）功能性与美观性相融合，在注重基本功能实现的同时，还要兼顾其与车站建筑风格的协调搭配，达到工艺美观、色彩相配的效果。

二、乘客信息系统

1. 乘客信息系统的定义

乘客信息系统是依托多媒体网络技术，以计算机技术为核心，以车站和车载显示终端为媒介，向乘客提供信息服务的系统。

乘客信息系统在车站出入口、站厅、站台、电梯和扶梯的上下端口、列车车厢内等乘客可视的空间设置等离子显示器、液晶显示器、单行或多行发光二极管显示器、彩色发光二极管显示器、投影墙等现代视频显示装置，并利用这些装置进行信息展示，如图 2-3 所示。

图 2-3　乘客信息系统

2. 乘客信息系统的功能

乘客信息系统应具备乘客导乘和服务、乘客应急处理辅助等功能。

（1）乘客导乘和服务

乘客信息系统可提供城市轨道交通运行信息（包括下一列列车到站信息、列车时刻表、票务票价信息等）、乘车疏导信息、政府公告、公益信息、媒体节目、商业广告、金融信息，以及其他各类生活资讯。

（2）乘客应急处理辅助

在发生重大灾害需要乘客迅速撤离时，乘客信息系统可随时中断部分或所有的服务信息，播放相关临时的通告和警示，引导乘客迅速撤离，将损失降到最低。

三、乘降设备系统

城市轨道交通车站的乘降设备主要包括楼梯、自动扶梯、电梯、人行步道、轮椅牵引机等（见图 2–4），是车站客运设备的重要组成部分。乘降设备具备输送乘客的能力，对客流的及时疏散起到至关重要的作用，同时还能满足乘客对乘降舒适度的要求。

a)　b)　c)　d)

图 2–4　乘降设备

a）自动扶梯　b）电梯　c）人行步道　d）轮椅牵引机

1. 楼梯

楼梯一般采取适当倾角（26° ~ 34°），宽度要求单向通行不小于 1.8 m，双向通行不小于 2.4 m，当大于 3.6 m 时，应设置中间扶手，每个梯段台阶不宜超过 18 级。

楼梯在车站发生紧急情况时，主要用于车站内向外疏散乘客，平时应保持畅通，不得堆放任何物品，任何人不得滞留。

2. 自动扶梯

在城市轨道交通车站中，自动扶梯的用途主要是快速疏散乘客，即列车到达后，帮助大量的乘客从候车站台向站厅和出入口疏散。由于站厅一般离开地面 5 ~ 7 m（浅埋式），甚至 7 ~ 10 m（深埋式），乘客的上下只能依赖于乘降设备。自动扶梯可以自动输送乘客，满足了乘客对出入速度和舒适度的要求。

（1）结构组成

自动扶梯是由一台链式输送机和两台带式输送机组合而成的升降传送系统，可分成四大部分，即供乘客站立并能连续提升的梯路（包括梯级、牵引构件和梯路导轨系统）、动力驱动装置（完成梯路的提升和连续循环运转）、框架结构（用于自动扶梯各零件的组合、定位和在现场的定位安置）、控制与安全装置。

（2）主要特性

与一般电梯不同的是，自动扶梯具有连续输送功能，能够在较短时间内输送大量乘客，其主要特性是：

1）输送能力大，生产效率高，能连续输送乘客，特别适合于有大量乘客汇集与疏散的场所（如商店、车站、机场、码头等），对地下车站尤是如此。

2）自动扶梯能逆转，上下行都能运转，近年又出现了旋转式和平行式等新型自动扶梯，以满足不同场所的需要，甚至可以实现从站台到地面出入口的连续输送。

3）与一般电梯不同，当停电或重要零件损坏需停止使用时，自动扶梯又可临时用作普通楼梯。

3. 电梯

城市轨道交通车站电梯一般设置在出入口、站厅层和站台层，主要供有需要的乘客（如老、幼、病、残、孕乘客和携带大件行李的乘客）使用。

四、站台门系统

站台门安装在车站站台边缘，将行车轨道区与站台候车区隔开，设有与车门相对应，可多级控制开启与关闭滑动门的连续屏障，也称屏蔽门。

站台门由多对与列车车门对应的滑动门、固定门、应急门和端门等组成，根据封闭程度分为全封闭式和半封闭式两种，如图 2–5 所示。

1. 站台门的功能

站台门将站台区域与列车运行区域相互隔开，防止乘客掉落轨行区，还能节约车站空调能源，降低列车噪声，为乘客提供安全、舒适的候车环境。

2. 站台门的结构组成

站台门系统主要由四大系统组成，分别是门体、门机系统、控制系统和电源系统。

（1）门体

门体是车站站台公共区与列车轨行区的隔离屏障，主要由门体基础结构、滑动门、固定门、应急门和端门等组成。

a)

b)

图 2–5　站台门

a）全封闭式　b）半封闭式

门体基础结构主要由承重结构、门槛、顶箱（侧盒）等组成。滑动门（ASD）是列车正常运营时乘客上下车的通道，也是列车在车站隧道内发生火灾、故障时或列车到站后乘客的疏散通道。固定门（FIX）是车站与区间隧道隔离和密封的屏障之一，主要设置在滑动门和滑动门之间、滑动门和端门之间。应急门（EED）是乘客疏散通道，每节车厢应设置一道应急门与之对应。端门（MSD）是列车在区间隧道发生火灾、故障时，列车停在隧道内，乘客从隧道疏散到站台的通道，也是车站工作人员进出隧道的通道。

（2）门机系统

站台门门机系统由驱动装置（电动机、减速器）、传动装置、锁紧及解锁装置、位置检测开关组成，一般全封闭式站台门采用一控一驱模式，半封闭式站台门采用一控两驱模式。门机系统可满足正常运行模式、非正常运行模式和紧急运行模式的控制要求。

（3）控制系统

站台门控制系统由中央控制盘（PSC）、就地控制盘（PSL）、门控单元（DCU）、就地控制盒（LCB）、通信介质及通信接口等组成。

站台头端设置一套就地控制盘，具有站前折返要求的车站可在站台尾端增加一套就地控制盘。就地控制盘的安装位置与列车正常停车时驾驶室的门相对，方便司机操作和监视站台门开关情况。

就地控制盒靠近门控单元设置，通过设置可使对应的滑动门处于自动、手动、隔离等模式。

（4）电源系统

站台门电源宜作为一个独立的系统进行配置，采用一级负荷供电。驱动电源和控制电源宜分别独立设置。

3. 站台门的控制

站台门的控制分为系统级控制、站台级控制和就地级控制三种方式。

（1）系统级控制

系统级控制是指在正常运行模式下由信号系统直接对站台门进行控制。列车到站并停在允许的误差范围内时，列车信号系统向站台门发出开门或关门指令，控制指令经信号系统发送至站台门中央控制盘，中央控制盘通过门控单元对滑动门进行实时控制。

（2）站台级控制

站台级控制分为就地控制盘控制和综合后备盘控制。就地控制盘控制是指系统级控制出现故障时，由列车驾驶员或站务人员在站台就地控制盘上对滑动门进行开门或关门的控制。综合后备盘控制是指在车站紧急情况下（如火灾），车站站务人员在车站控制室操作综合后备盘上的钥匙开关打到开门位，打开站台门滑动门。

（3）就地级控制

就地级控制即需要人工操作开关站台门，包括就地控制盒和手动操作。当门控单元发生网络通信故障、电源故障、门控单元故障、门机故障或其他故障时，可通过就地控制盒隔离此单元，不影响整个系统的正常工作。此外，当系统电源或个别站台门操作机构发生故障时，站务人员可在站台侧用钥匙打开站台门，或者乘客在轨道侧操作站台门开门把手打开站台门。

以上三种控制方式中以就地级控制优先级最高，站台级控制次之（综合后备盘控制模式比就地控制盘控制模式高），系统级控制最低。

五、其他客运设备

其他客运设备主要包括客户服务中心、临时票亭、公共洗手间、公用电话、自助银行、盲道和对讲器等。

第三节　车 站 运 作

车站的运作情况直接影响整个城市轨道交通系统的生产效率，高效的车站运作能最大限度地保证城市轨道交通系统运输能力，提高运营单位的客运组织水平。

一、车站的组织架构

我国各大城市轨道交通车站的组织架构和岗位设置不尽相同，客运组织工作岗位的工作职责和作业流程也有一定的差异。一般车站常驻人员主要包括站务人员、安保人员、保洁人员、设备维修人员、地铁公安人员、商铺人员等。

站务人员主要包括中心站站长、中心站副站长、站长助理、值班站长、值班员和站务员，如图 1–4 所示。其中，值班站长、值班员和站务员是车站运作一线工作人员。

二、车站的岗位设置

典型的城市轨道交通车站一般设置中心站站长、中心站副站长、站长助理、值班站长、值班员（客运值班员、行车值班员）和站务员（售票岗、厅巡岗、站台岗）等岗位。

1. 中心站站长岗位职责

（1）代表城市轨道交通运营企业在车站行使属地管理权，组织辖区各站员工开展运营工作，为乘客提供优质服务。

（2）对辖区各车站的行政管理工作负责。按照上级下达的工作目标和相关工作要求，制订工作计划，合理安排资源，落实各项工作，完成生产任务。

（3）对车站员工有岗位调整权、监督考核权、晋升推荐权，负责员工绩效考评及奖惩。

（4）组织做好车站保卫综治工作，担任车站综合治理小组组长。与地铁警务人员、保洁班、商铺等驻站单位协调合作，定期召开小组会议，确保合作顺畅，发挥常驻人员的群防群治作用。

（5）全面负责车站的安全管理工作，承担消防安全责任人职责和保卫综治责任人职责。按上级的要求，建立车站安全网络，落实治安、消防工作要求，定期进行安全教育和安全检查，落实安全隐患整改。

（6）对站务员工业务培训、人员培养负责。针对员工工作需求，组织参加上级的培训或组织自主培训，提高员工业务技能，做好培训后评估工作。

（7）践行组织文化，开展班组建设，做好员工思想引导和教育。

（8）组织员工学习和贯彻企业的站务相关规章制度。

（9）指导、核查值班站长的工作落实情况，提出改善要求，做好绩效评定。

（10）负责与部门内外相关单位沟通、协调。根据工作需要，及时与相关分部、班组沟通，确保合作顺畅，为车站创建良好的外部环境，解决车站生产、管理问题。

（11）建立各种员工台账。

（12）完成上级布置的其他工作。

2. 中心站副站长岗位职责

（1）协助中心站站长开展车站管理工作。

（2）根据工作计划，合理安排资源，跟进落实中心站各项工作。

（3）对分管的业务模块负责，开展业务管理，完成生产任务。

（4）针对分管的业务模块，结合员工业务水平，组织员工业务技能培训。

（5）贯彻执行企业规章制度。

（6）对员工进行职业道德和服务标准教育，引导员工提供优质服务。

（7）指导、核查车站值班站长的工作落实情况，提出改善要求。

（8）负责辖区各站排班表的制定。

（9）负责收集运营的原始数据。

（10）完成上级布置的其他工作。

3. 站长助理岗位职责

（1）协助中心站站长开展行政基础工作和班组管理工作。

（2）协助中心站站长进行文件处理、信息传达，参加中心站交接班会，了解并记录各自然站上日运营信息、存在的问题及困难，记录中心站站长对各站的工作布置及要求，传达中心站的工作重点。会后整理交接班会内容下发各站，并跟进执行情况。

（3）协助中心站站长按标准化班组管理要求开展班组建设，完成班组上墙、“6S”管理方面的工作。

（4）协助中心站站长开展党、团、工会工作。

（5）负责中心站人员档案管理，定期对人员档案进行更新、上报，对上报的人员资料进行审核。

（6）负责中心站文档管理，检查自然站文档保管、更新情况。

（7）负责中心站考评、考勤的统计汇总工作，完成中心站月度考勤汇总、员工各类休假初审、员工月度考评汇总、年度绩效考评汇总等工作，每月依据考评情况、考评办法计算员工各类奖金，交中心站站长审核发布。

（8）负责中心站内外部宣传工作。

（9）负责中心站日常统计数据收集、汇总工作。

（10）完成上级布置的其他工作。

4. 值班站长岗位职责

（1）服从中心站站长、中心站副站长的领导，组织本班员工开展工作，对本班车站运营全面负责。

（2）负责对本班站务人员进行管理，对值班员、站务员工作进行监督指导。负责对保洁人员、保安人员、商铺人员、施工人员等驻站人员进行属地管理。按照要求对站内经营资源进行管理。

（3）负责本班运营组织工作，服从运营控制中心指挥，执行运营控制中心命令。

（4）负责本班生产安全工作。指导、监控行车值班员、信号设备操作员、信号设备监控员的行车工作，重点监控安全关键作业；严格执行各项安全生产规章制度，加强应急预案的培训、演练，组织开展保卫综治检查、维稳排查、反恐排查工作，发现隐患和问题，落实整改措施，做好记录和上报，同时与公安人员协作，共同做好车站综合治理。

（5）负责本班服务工作。组织车站员工为乘客提供优质服务。

（6）负责本班票务工作，严格执行票务规章制度，确保本班票务收益安全、运作顺畅。

（7）负责本班突发事故事件的处置。在车站发生异常情况或突发事件时，担任事故处理主任，及时启动预案，控制局面，减少和避免人员伤亡及财产损失，尽快恢复运营。

（8）对本班值班员、站务员的岗位业务技能培训工作负责。

（9）巡视、检查本班各项设备、设施状况和综治防范情况，发现故障及异常情况及时处理和报告。

（10）负责本班台账的填写及相关数据的收集。

（11）负责本班文件处理，组织员工学习规章制度及新文件。

（12）对本站员工的奖惩、岗位调整、晋升有建议权。

（13）完成上级布置的其他工作。

5. 值班员岗位职责

值班员岗位包括行车值班员和客运值班员，有些运营单位还设置了信号设备监控员和信号设备操作员。

（1）共同职责

1）在值班站长领导下开展工作，对当班站务员工作进行安排、指导、监督。

2）向值班站长汇报本班设备、设施运作情况和各岗位工作情况。

3）向本班组、车站、部门提出本人的意见和建议。

4）紧急情况时，协助值班站长执行相关应急处理预案。

（2）行车值班员岗位职责

1）在值班站长的领导下，负责车站行车组织工作，按有关规定操作和监控行车设备。

2）负责值守车控室，监控车控室内各设备、设施状态，发现故障及异常情况及时按有关程序处理。

3）负责运营生产信息的上传下达，及时处理外部信息和报出本站信息。

4）操作、监控信号设备运行（未设置专职信号设备操作员、信号设备监控员的车站）。

5）信号设备停用时负责办理人工组织行车手续。

6）对当班施工管理工作负责。

7）协助值班站长进行人员工作安排及管理。

（3）客运值班员岗位职责

1）在值班站长的领导下，负责车站客运、票务管理，组织售票岗、巡视岗从事票务及客运服务工作。

2）负责自动售检票设备补币、补票、换钱箱、换票箱等工作，负责为售票员配票、结账。

3）负责统计车站营收，填写及保管各种票务单据。

4）负责车站收益解行。

5）协助值班站长管理站务员，处理乘客事务，监督售票岗、巡视岗站务员在岗工作情况。

6）紧急情况下，协助值班站长处理紧急事务，执行应急预案。

（4）信号设备操作员岗位职责

1）负责执行本班信号设备操作指令。

2）负责监控本班工作中信号设备的状况，发现故障及异常情况及时按规定上报、处理。

3）接受信号设备监控员的监控。

4）信号设备停用时负责办理人工组织行车的手续。

（5）信号设备监控员岗位职责

1）在值班站长的领导下开展工作，主动向值班站长汇报信号设备运行情况。

2）对本班信号设备的操作负监控责任，及时制止、纠正违章操作。

3）负责从运营控制中心接收信号设备的操作指令，与信号设备操作员核对后监控其正确执行。

4）负责监控本班工作中信号设备的状况，发现故障及异常情况及时提醒、协助信号设备操作员处理。

5）信号设备停用时协助信号设备操作员办理人工组织行车的手续。

6. 站务员岗位职责

站务员安排在售票岗、巡视岗（站厅巡视岗、站台巡视岗），除按乘客服务工作标准的规定进行工作外，还应履行以下职责。

（1）售票岗岗位职责

1）负责当班客户服务中心的售票、咨询工作。

2）处理与乘客相关的票务事务。

3）对填写的票务报表和当日票款收益负责。

4）对本班客户服务中心内的卫生及安全负责。负责本班客户服务中心内设备、备品的管理，确保客户服务中心门、窗随时处于锁闭状态。

5）售票、咨询间隙，留意进站乘客动态，严防“三品”进站，5 min 以上没有乘客事务时，必须走出客户服务中心兼任站厅巡视岗工作。

6）在兼任站厅巡视岗时，负责站厅巡视岗工作职责（不含出入口、通道）。

7）完成上级布置的其他工作。

（2）站厅巡视岗岗位职责

1）帮助有需要的乘客，主动提供优质服务。

2）巡查乘客携带的物品行李，严防“三品”进站。

3）发现乘客携带超大、超长、超重的物品时劝阻其进闸乘车。

4）注意乘客动态，若发现精神异常、醉酒等不宜乘车的乘客，劝阻其进闸乘车，并及时汇报车控室，必要时请求警务人员或其他同事协助，注意自我保护。

5）出入口、站厅发生治安、客伤等突发事件时，及时处置，保护现场，报告车控室，寻找两名及以上目击证人。

6）注意站厅乘客售票情况，发现排长队或大客流时及时报车控室，协助值班站长、值班员做好客流组织工作。

7）注意站厅乘客检票情况，开展车票稽查，防止收益流失及单程票流失。

8）按“首问负责制”原则接受问询及处理乘客事务，指引乘客到客户服务中心进行车票处理。

9）巡视自动售检票设备的状态，发现异常及时报车控室，负责出站闸机票箱的更换工作，协助更换钱箱、清点钱箱工作。

10）巡视站厅各种设备设施、告示、贴纸等的状态，发现异常及时报车控室。

11）负责站厅边门管理，按规定给符合要求的人员开边门。

12）遇紧急情况按车务安全应急处理程序执行。

（3）站台巡视岗岗位职责

1）巡视内容包括消防设备设施状态、屏蔽门或安全门状态、扶梯运行状态、站台监控亭（备品间）内的所有设备设施的状态（接班后第一次巡视站台时完成），以及扶梯、站台门处各类安全警示标志的设置情况。

2）发现携带违规物品的乘客时，劝其改乘其他交通工具，并及时报车控室；发现可疑人员和可疑物品及时处置，并报车控室。

3）在巡视过程中若遇列车进站，必须按接发列车的作业标准接发列车，监视列车运行状态、监控乘客上下车，处理在接发列车过程中发生的突发事件。

4）巡视站台，对站台候车秩序、卫生和乘客安全负责，确保屏蔽门或安全门及以内区域的安全有序。

5）屏蔽门或安全门发生故障时，协助司机按“先通后复”的原则进行处理，故障未恢复时，及时张贴故障贴纸。

6）乘客的物品掉落轨道时，应做好乘客的安抚工作，并立即通知值班站长到场处理。

7）车门、屏蔽门或安全门夹人时，按“一按二呼三汇报”的程序执行，立即按压“紧急停车”按钮，同时通知司机，再向车控室汇报事件具体内容。协助乘客离开车门、屏蔽门或安全门，了解事件原因，若有人员受伤，寻找两名及以上目击证人，做好站台乘客的引导，防止乘客围观。

8）站台有乘客受伤时，立即救护受伤乘客，做好乘客安抚工作，向乘客了解受伤经过，寻找两名及以上的目击证人。

9）收到列车需在本站临时清客的通知时，立即组织清客，引导车上的乘客到站台，维持站台乘客候车秩序，做好乘客安抚工作，清客完毕后向司机显示“好了”信号。

10）负责维持站台乘客上下车秩序，提高乘客乘降效率。引导候车乘客按地面指示标志排队候车、列车到站开门后快上快下、上车后往车厢中部走。客流高峰期站台乘客无法全部上车时，与司机做好联控，关门前做好乘客拦截。

三、车站开启与关闭

1. 车站开站程序

城市轨道交通车站开站程序见表 2–2。

表 2–2　城市轨道交通车站开站程序

序号	时间	内容	责任人
1	每日 4：30 后（或行车调度员通知）	根据运营分公司行车组织规则的规定进行运营前检查工作，并汇报行车调度员，在值班人员登记簿上做好检查记录	行车值班员、值班站长、客运值班员
2	首班车到站前 30 min	配好票，填写车站票务交接记录簿，并检查售票员准备到岗情况	客运值班员
3	首班车到站前 15 min	开启车站照明、确认车站广播状态	行车值班员
4	首班车到站前 15 min	确认所有自动售检票设备开启	行车值班员、客运值班员
5	首班车到站前 10 min	开启车站出入口、自动扶梯、垂直电梯	厅巡岗站务员、站厅保安员
6	首班车到站前 5 min	到岗，填写车站票务交接记录簿	售票员
7	开站前 5 min	到岗	安检员
8	开站后	按要求开启环控设备（节能模式），向乘客广播候车的注意事项	行车值班员

2. 车站关站程序

城市轨道交通车站关站程序见表 2–3。

表 2–3　城市轨道交通车站关站程序

序号	时间	内容	责任人
1	最后一班车开出前 5 min	暂停自动售票机、进站闸机，通知售票员停止售票，并广播	行车值班员
2	最后一班车开出前	进行检查，确认站台乘客均已上车，无异常情况	值班站长
3	最后一班车开出后	广播并清客，关闭车站自动扶梯、垂直电梯和出入口	行车值班员、值班站长、保安员
4	停止服务后	收拾票款，整理客户服务中心备品，注销半自动售票机，回票务室结账，填写车站票务交接记录簿	售票员
5	关站后	与售票员结账，填写车站票务交接记录簿，根据票务管理相关规定做好车站运营结算工作	客运值班员
6	运营结束后	按要求执行相关环控模式，关闭部分环控设备	行车值班员

四、车站的日常工作

城市轨道交通车站的日常工作主要包括车站业务工作和车站日常管理工作两部分。

1. 车站业务工作

车站业务工作是指与运营生产直接相关的工作，主要包括客运组织、行车组织、施工管理。

（1）客运组织

车站客运组织工作按照业务范围不同，可分为票务组织、客流组织、应急处置与危机处理。

1）票务组织是指向乘客提供售检票服务、完成收益结算及实现财务管理的过程，主要包括票卡和现金管理、票务工具与报表的管理和填报、自动售检票系统运行和维护等。

2）客流组织是指根据本站客流流线组织乘客进出站、换乘，并做好常态化大客流的组织工作，包括工作日高峰时段、节假日和大型活动的大客流组织。

3）应急处置与危机处理是指做好发生突发大客流时的应对，做好发生火灾、爆炸、恐吓等突发事件时的应急处置，做好运营危机时的应对处理。

（2）行车组织

车站行车作业包括行车接发作业、列车折返作业等。车站行车作业应按照列车运行图要求，不间断地接发列车与折返列车，确保行车安全与乘客安全。

（3）施工管理

通过请点环节进行把控，严防不符合条件的作业开始施工，确保施工作业人员和设备安全。通过销点环节确保线路出清、设备恢复正常状态，保证车站、列车运作安全。

2. 车站日常管理工作

车站日常管理工作是指辅助运营生产的系列工作，主要包括排班、会议组织、日常考评、日常巡视、门禁卡及钥匙管理、车控室管理和卫生管理等工作。

（1）排班

站务员排班视实际情况实行综合排班。中心站站长、中心站副站长一般为“一周五班”班制；值班站长、值班员可安排“四班两运转”班制。

例如，某城市轨道交通运营企业规定的排班要求如下：

1）排班要根据员工业务情况和工作经验情况进行搭配。

2）排班要以“乘客服务优先”为原则。

3）员工上岗必须持有本岗位资格证，只可高岗顶低岗，不得低岗顶高岗。

4）按各站核定的定员定岗标准执行，不能擅自增加或减少岗位。

5）特殊情况下，如遇临时改变行车计划、大客流等情况，需及时上报、调整。

6）排班可以每月一排或每周一排，排班表应由中心站站长或中心站副站长负责审查、签发。每月一排的，需在每月倒数第 2 天前发布下月排班表；每周一排的，需在每周倒数第 2 天前发布下周排班表，并由当天当班的值班站长负责通知到位。车站排班要均匀合理，每月统计并公布工时。

某城市轨道交通运营企业的调班规定如下：

1）员工调班只允许同一级别岗位之间互调。

2）员工调班实行层级审批制度，不准私自调班。调班审批权限为：中心站站长或中心站副站长调班由分部主任审批；值班站长、值班员调班由中心站站长或中心站副站长审批；站务员调班由值班站长审批。

3）员工调班后不得连续工作超过 12 h。

4）每人每月因私主动申请调班不得超过两次。

5）员工因个人原因调班，必须提前一天提出申请，并说明原因，批准后方能生效。

（2）会议组织

为解决车站生产、管理过程中存在的问题，根据城市轨道交通运营企业会议制度，按照一定频次召开员工大会、月度安全例会、综合治理工作会议、中心站值班站长会议和交接班会等。车站交接班会一般每班次召开。

（3）日常考评

每日由中心站站长或中心站副站长及当班值班站长对当班员工工作情况进行检查、考评并做好记录，通知被考评员工签名确认。每月初在公告栏中公布上月考评汇总情况。

（4）日常巡视

车站日常巡视内容主要包括：乘客动态及乘车秩序、设备设施运行状态、站内施工情况、可疑人员及可疑物品、设施防护情况、卫生情况、安全隐患排查等。巡视人员发现异常情况必须及时处理、汇报。表 2–4 所示为某地铁运营单位车站日常巡视责任区划分。

表 2–4　　某地铁运营单位车站日常巡视责任区划分

责任区		包保岗位	包保设备、设施
站厅责任区	站厅 A 端	厅 A	出入口和通道，站厅 A 端入站闸机、出站闸机、自动售票机和自动充值机
	站厅 B 端	厅 B	出入口和通道，站厅 B 端入站闸机、出站闸机、自动售票机和自动充值机
客户服务中心责任区	A 端客户服务中心	票 A	501/502 半自动售票机
	B 端客户服务中心	票 B	503/504 半自动售票机
站台责任区	站台		屏蔽门、安全门、自动扶梯、楼梯
值班站长	全站		全站、各出入口外 5 m 范围内、车站风亭、冷却塔等
客运值班员	全站		客户服务中心、站厅、各通道、各出入口

（5）门禁卡及钥匙管理

1）车站设备、管理用房的门禁卡、钥匙的借、还均由行车值班员管理，每次借出、归还均要登记。

2）借用钥匙原则上只借单把钥匙，成串的钥匙只供车站员工使用。应急门禁卡一般只在紧急情况（如火灾、设备故障等）时使用，非本单位员工不得借用（如因工作需要在正常情况下使用，需经值班站长同意后由车站人员代为使用）。

3）借出的门禁卡、钥匙不得带离车站，用完立即交还并注销登记，特殊情况下需要带离车站时，必须经站长或副站长同意。

4）借用的门禁卡须妥善保管。

（6）车控室管理

1）正常情况下，车控室内工作人员不能超过 3 人，在车控室内施工作业的人员除外。

2）工作原因进入车控室必须持有效证件或佩戴胸卡，并说明原因，在征得值班人员同意后方可进入，不可在车控室内做与工作无关的事情。

3）进入车控室人员禁止大声喧哗、吵闹，做到文明办公，不得影响行车工作。

4）进入车控室人员严禁擅自操作任何设备、设施。

5）车控室外门必须处于关闭状态。

6）到车控室请点作业时，不可多人进入车控室，同一个施工作业原则上只允许施工负责人到车控室办理登记手续，其他人员在通道门外等候，不得携带施工工具进入车控室。

7）外部施工人员需要有内部员工陪同方可进入车控室，且必须出示作业令 / 外单位施工作业许可单、临时出入证等。

8）外部人员要进入车控室，应先在车控室前对讲器处请示车控室值班人员，由车控室值班人员检查相关证件，确认属工作需要方可进入车控室。

（7）卫生管理

1）车站卫生管理实行区域责任制，出入口（含 5 m 范围内）、站厅、站台、设备区各区域均指定责任人负责。

2）车站公共区可视范围内的“天、地、墙”及设备设施应始终保持清洁状态。

3）员工严格按照各岗位巡视制度巡视，发现垃圾、污物能立即处理的立即处理，需保洁人员处理的立即通知保洁人员，监督其在 3 min 内到现场处理。

思考与练习

1. 车站具有哪些功能？
2. 车站按运营功能不同可以分成哪几种类型？
3. 车站客运设备主要包括哪几种？
4. 站台门的控制方式有哪几种？
5. 车站的日常管理工作主要有哪些？

第三章　票务组织

学习目标

◆ 能够列举车票、现金的日常管理要求，使用票务工具，填写票务报表，描述票务安全注意事项，树立风险意识。

◆ 能够使用自动售票机、半自动售票机、自动检票机等自动售检票系统设备并进行日常维护，处理常见故障。

◆ 能够按照作业标准，独立完成站务员、客运值班员和值班站长的票务相关工作。

◆ 能够按照作业标准，处置各种应急情况下的票务工作。

城市轨道交通车站的票务组织工作作为车站日常工作的重要组成部分，向乘客提供售检票服务、完成收益结算和实现财务管理，是企业生产活动的一部分，由于涉及车票、现金等，存在一定的财务风险。

车站工作人员在服务过程中，应做好车票、现金、有价证券的日常管理和交接工作；熟练运用售检票作业、报表填写等业务技能；正确、熟练地操作自动售检票设备，遇到设备故障时能进行相应的票务处理；协同车站各岗位员工开展票务管理工作，保证设备运作正常、票务收益安全，维护乘客和运营单位的合法权益。

第一节　票务系统概述

我国城市轨道交通建设和运营已迈入快速发展时期。与传统的交通工具不同，城市轨道交通自动化程度较高，也是最有效率的城市公共交通工具。面对数量巨大的客运量（例如，北京地铁 2019 年最大日客流量达到 1 327.46 万人次），传统的纸质车票和人工售检票方式远远不能满足运营要求，城市轨道交通票务制度、技术、设备一直在更新升级。

一、车票和现金的管理

车票、现金属于城市轨道交通运营单位的资产，尤其预制的单程票和储值票内赋有不等额的车费。车票、现金的遗失会造成企业收益的流失，必须建立严格的车票、现金管理制度。

1. 车票的管理

车票是乘客乘车的凭证，记载了一次完整行程所发生的费用、时间、乘车区间等信息，也称为票卡媒介。

城市轨道交通车票种类繁多，主要包括普通单程票、普通储值票、中小学生储值票、老年人优惠票、老年人免费票、团体单程票、纪念票等。

（1）车票存放的要求

车票在任何时候都只能存放于票务室、票务处理机、自动售票机、出站闸机等处，除特殊原因外，任何人不可在其他地点放置车票。

车票在任何地点存放都要有专人负责，一旦发生丢失、损坏，应按规定追究责任。在有监控条件下，任何车票在清点、交接时，均应在监控摄像头有效范围内进行操作。

车票的存放分区域一般分为循环区和上交区。循环区主要存放车票主管部门（票务室）配发或调配的普通单程票、车站闸机回收的普通单程票、运营结束后自动售票机票箱结余的普通单程票，以及运营结束后单程票人工回收箱分拣出的可用单程票。上交区主要存放自动售票机、票务处理机、单程票清分机等设备产生的废票，以及运营结束后单程票人工回收箱分拣出的废票、已售单程票、无效单程票和过期预制单程票等。

预制票由于已赋值，处在“已售”状态，等同现金管理。为确保预制单程票的安全，车站应将预制单程票放置在保险柜内保管。存放时要注意：不同价格的预制票不能混放，不同有效期的预制单程票不能混放。

储值票也需要放入保险柜内存放，由客运值班员负责，每班要进行交接。

保管的车票数量发生变化时，相关人员必须在相关台账上进行登记或在台账系统录入数据。

（2）车票交接的要求

车票的配发、上交、调拨和站内票务工作中都存在车票的交接。车票在交接时要遵循以下原则和程序：

1）交接必须清晰、详细、全面。交班人应确保接班人能够从登记簿上了解到上一班发生的重要事务，不得有遗漏。

2）交接要主次分明、准确有效。交接中对重要的事情要详细全面交接，一般事件简明扼要，不得错漏。

3）交接应做到有跟进、有落实。对需要下一班继续跟进的事务，一定要交接清楚，并在登记簿上进行注明，有处理和落实的提示，接班人要注意跟进落实。

车票在交接过程中必须进行封装，车站接收人员必须依据相应的配票单据当面检查车票包装和封装是否完好，确认封条与配发单据所写票种、数量一致后在单据上签名，并将车票存放在相应的区域，然后进行相应的台账登记和数据录入。

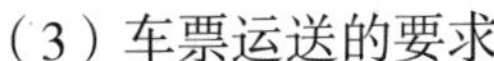

（3）车票运送的要求

车票在运送途中，一律放在锁闭的售票盒、票箱或手推车中。已赋值的车票必须由两名车站站务人员负责运送，确保安全。

2. 现金的管理

城市轨道交通车站的现金主要包括备用金和票款。备用金主要指财务部门配给车站用于自动售票找零、给乘客兑零或找零、与银行兑换硬币等用途的周转金；票款主要指车站通过自动售票机、半自动售票机、临时票务室人工向乘客发售车票和为乘客办理车票事务时收取的现金。

（1）现金存放的要求

车站现金只能存放在现金安全区域。现金安全区域包括点钞室、票务室（包括临时票务室）、自动售票机。

1）现金存放在点钞室的安全规定。点钞室随时保持锁闭状态（点钞室门和防盗门必须同时锁闭）。点钞室有当值客运值班员时，除当班票务岗位人员、站长、车务中心票务管理人员和自动售检票系统维修人员外，其他人员必须得到当班值班站长或以上级别人员的许可，方可进入点钞室。当班客运值班员离开点钞室时，点钞室内所有人员必须随同离开，不得逗留。除现金交接、钱箱清点外，其他时间点钞室内所有现金只能保管在保险柜、待清点钱箱或已锁闭尾箱、补币箱内。

2）现金存放在票务室的安全规定。票务室应随时保持锁闭状态（临时票务室除外，但车站必须随时监控临时票务室的安全情况）。票务室有当值人员时，除当班票务工作人员、站长、车务中心票务管理人员外，其他人员必须得到当班值班站长或以上级别人员的许可后方可进入票务室。票务室无当值人员时，任何人员进入票务室必须得到当班值班站长或以上级别人员的许可，由一名客运值班员或以上级别的人员陪同方可进入。售票员处理现金时，应将现金放在乘客接触不到的地方并做好防盗工作。

（2）现金交接的要求

车站现金交接牵涉到票款的收益，必须谨慎对待，交接时要注意：交班人交接不清不得下班，接班人接班不明不得接班，确保交接工作有效完成。接班人必须全面检查报表、台账和文件记录，对照设备、库存的数量和状态，确认数量关系正确、清楚才可接班。交接时不能交接私人物品或进行私事交谈。交接完成必须在记录簿上签字确认。

车站与银行之间的票款交接称为解行，主要指车站将票款收益存入企业在银行的专用账户。车站每天至少解行一次。一般情况下，车站每日必须将所有的隔夜票款、早班售票收入、预收票款和解行前已清点的钱箱收入全部解行。

（3）现金运送的要求

现金在运送途中必须放入锁闭的钱箱、票盒或手推车中，由两名车站站务人员负责运送，确保安全。

案例分析

口头交接弊端多，带走长款无人知

某地铁站值班员 A 同时为售票员、退款点的员工结账，发现长款 221 元。晚上 20：00 值班员 A 与夜班值班员 B 交接时，口头交代了此事，未在值班员交接簿上注明。夜班值班员 B 接班后，未能查出长款原因，同样以口头方式交接给下一班的值班员 C，仍未在值班员交接簿上注明。次日晚上值班员 C 将长款 221 元交回值班员 A 时，同样以口头方式交接，未在值班员交接簿上注明，亦没有向当班值班站长反映。值班员 A 收到长款后在凌晨将长款 221 元带出点钞室，放入自己的更衣柜，第三日也未将长款情况向接班的值班站长反映。直至第四日早才将该笔长款交给值班站长。值班站长核对相关票务数据，确定该 221 元长款是第一日售票员的售票款，于是将此长款解行。

事件处理结果：

值班员 A 将现金带离安全区域，影响恶劣，定性为二类票务事故（值班员工作中违反相关规定，导致报表数据或监控录像等重要取证资料缺失或不全，影响票款解行）。

值班员 A 违规将现金带离安全区域，负主要责任，扣月度绩效奖 200 元。

值班员 B、值班员 C 违反关于现金交接的规定，使长款未得到及时处理，负次要责任，各扣月度考评分 1 分。

值班站长对车站员工票务工作管理不到位，扣月度考评分 0.5 分。

3. 车票、现金的加封

车票可用砂纸、信封、钱袋、票盒加封，现金可用砂纸、信封、钱袋加封。加封的一般要求包括以下几点：对车票、现金实施加封时，应两个人一起，且两人之间要有级别差异，能够相互监督。封条、信封上必须注明加封内容。车票必须注明车票类型、数量、加封车站、加封人和加封日期，预制票还必须注明售出期限。现金必须注明加封金额、加封车站、加封人和加封日期。加封后必须保证一经破封无法复原。

（1）砂纸加封

加封前，在封条上注明加封内容。加封纸币时，用封条缠绕归整后的纸币中部进行加封，呈“一”字形，如图 3–1 所示。加封车票时，采用“十”字加封法，如图 3–2 所示，将车票整理整齐后用封条进行直接加封。

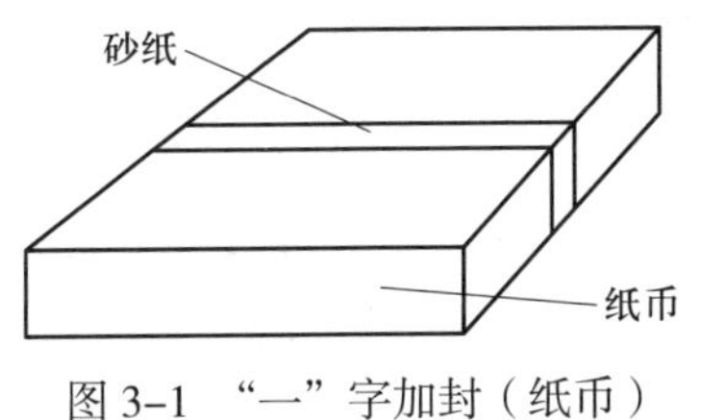

图 3-1 “一”字加封（纸币）

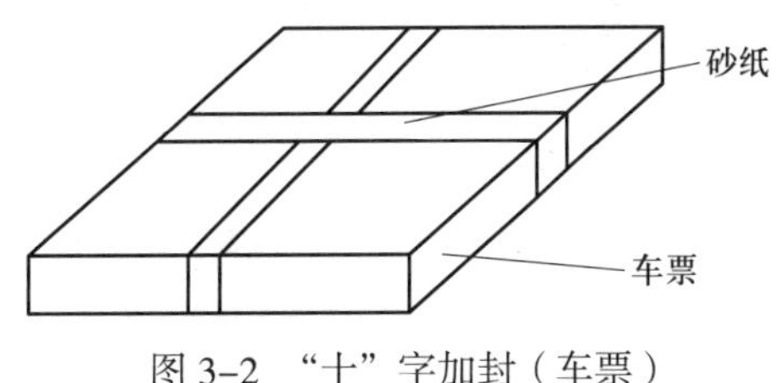

图 3-2 “十”字加封（车票）

（2）信封加封

加封前，先在票务信封的正面注明加封内容。加封时，先将信封口封住，再用封条将信封背面的接缝处封住，最后在信封背面封条骑缝处及封面上盖章，呈“工”字形，如图 3-3 所示。信封加封纸币仅限于对同一面额不足 100 张的，按面额大小归整后放入不同信封内进行加封。

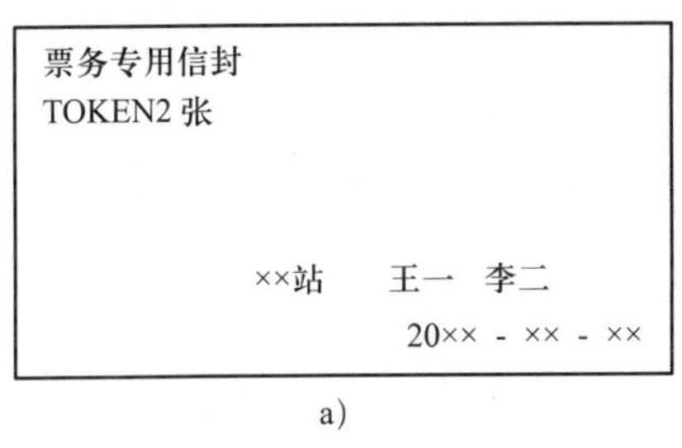

a)

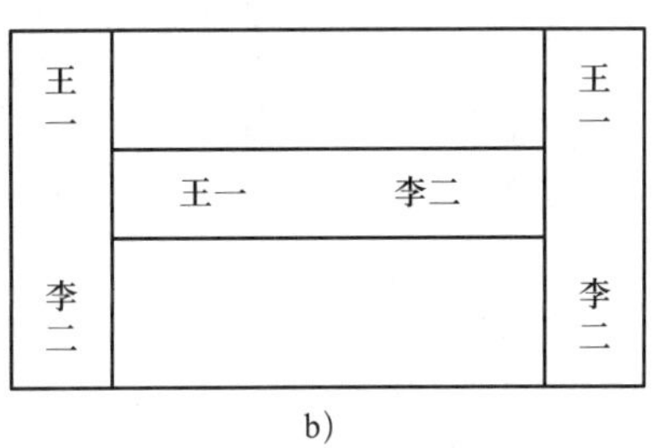

b)

图 3-3 信封加封

a）正面 b）背面

（3）钱袋加封

加封前，先在封条上注明加封内容。加封时，将钱袋口用绳子缠绕扎紧后再用封条缠绕加封。纸币用钱袋加封时，应先用砂纸或信封加封后再放入钱袋内加封。

（4）票盒加封

用票盒加封车票时，用砂纸在票盒中间部位“一”字形缠绕后加封，封条上必须注明加封内容。

预制单程票、赋值储值票加封后若需开封、清点时，由客运值班员和另一名车站工作人员在监控仪点币状态下完成，其他车票可由客运值班员或以上级别人员在监控仪下单人开封清点。开封后，如果发现车票数量或信息有误，应核查清楚后方可使用。

二、票务备品与报表

在日常票务工作中，车站需要进行大量的车票和现金清点、存放、运送工作。为提高工作效率，同时保障车票和现金清点工作的准确性、存放和运送途中的安全性，需要用到大量辅助工具、器具，填写各种报表。

1. 票务备品

辅助日常票务工作的工具、器具和票务钥匙统称为票务备品。

（1）票务备品的种类

票务备品包括钱箱、补币箱、闸机票箱（补票箱）、验钞机、点票机、点钞机、点币机、纸币清分机、扎钞机、尾箱、售票盒、票柜、保险柜、车票回收箱、票务手推车和票务钥匙等。图 3–4 所示为几种常见票务备品。

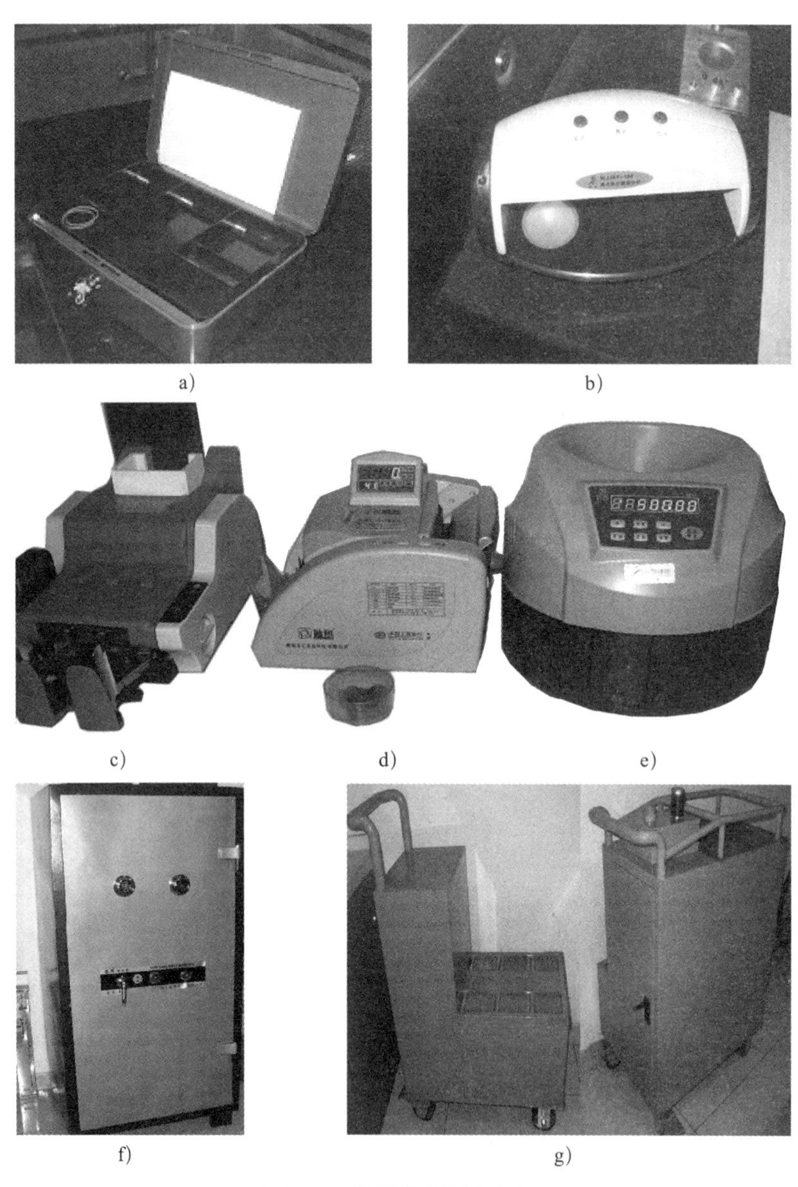

图 3–4　几种常见票务备品

a）钱箱　b）验钞机　c）点票机　d）点钞机　e）点币机　f）保险柜　g）票务手推车

（2）票务备品的保管要求

票务备品应安排专人保管，并执行以下要求：

1）票务备品由车站当班客运值班员全权负责保管。

2）车站必须设置台账，记录备品的数量和状态，并将相关情况录入票务管理系统。

3）备品的申购和更换由车务部门负责。

4）车站人员应正确使用票务备品，保持备品清洁。

（3）票务备品的管理要点

票务备品必须严格保管，其存放场所、保管人和使用规定见表 3–1。

表 3–1　　票务备品的存放场所、保管人和使用规定

备品名称	存放场所	保管人	使用规定
票务钥匙（常用）	票务室内的钥匙柜	客运值班员	1. 由专人保管 2. 使用必须登记 3. 保证使用人是票务钥匙唯一持有者
票务钥匙（备用）	站长室	站长	由站长和值班站长一起加封，使用必须得到站长批准
保险柜	票务室	客运值班员	1. 只能用于存放有价票据、现金 2. 客运值班员离开票务室时必须给保险柜上锁，并且不得将钥匙带出票务室
点票、点币、点钞设备	票务室	客运值班员	1. 应按操作规程正确使用 2. 定期进行检查、维护
验钞机	票务室、客户服务中心	客运值班员、票务员	1. 结束运营时必须关闭设备 2. 定期进行检查、维护 3. 应按操作规程正确使用
票箱、钱箱	票务室、售检票终端设备内	客运值班员	1. 打开钱箱的操作只能在票务室内进行 2. 使用时必须两人操作

2. 票务报表

票务报表是记录车站日常现金交接、收益汇总，以及车票交接、发售情况的原始台账，也是票务员收益结算的原始依据，是票务工作中非常重要的记录。

（1）票务报表的种类

车站作为票务收益的基本来源单位，每天通过自动售票机和半自动售票机取得票务收益，形成自动售票机和半自动售票机票务营收报表，统计成为车站日营收报表；每条线路统计本线路车站日营收报表，形成线路日营收报表；再由城市轨道交通运营企业形成公司营收报表，层层递进，形成一个票务收益（即现金报表）管理流程。

在车站，票务员及值班员需要填写的日常票务收益报表主要包括票务员结算单、乘客事务处理单、自动售票机钱箱清点报告、车站营收日报表、现金缴款单等，另外还有车站票务备品和设备的管理报表台账，包括自动检票机（闸机）回收记录表、单程票（应急票）储耗日报表、票卡收发台账、票务室物品收发台账，以及票务员票款、卡差异明细等。下面介绍几种常用报表。

1）票务员结算单。票务员结算单是票务员在日常票务工作中需要经常使用的报表之一，主要用于记录票务员配票时从客运值班员处领取到的备用金、车票、票据等物品情况。配票时需要按照实际配票数量填写，结账或中途预交款时，也需要按实际情况填写票务员结算单。票务员结算单是票务员收益结算的基本依据，将直接影响票务员的工作效益，需要认真对待。票务员在结账时把票务员结算单填写完整，随所持现金、车票等物品一起上交。

2）乘客事务处理单。乘客事务处理单是票务员和值班员在处理乘客票务问题过程中根据需要填写的报表，可以反映票务员处理乘客票务问题的情况，也是票务员收益汇总和考核票务员工作情况的依据之一。当车站出现自动售票机卡币、少找零、发售无效票卡等特殊情况，需要在半自动售票机上进行处理时，应填写乘客事务处理单，随票务员结算单一起在结账时上交。

3）自动售票机钱箱清点报告。自动售票机钱箱清点报告由客运值班员在清点自动售票机钱箱时填写，用于记录自动售票机每天的收益情况，作为收益统计的佐证材料。

4）车站日营收报表。车站日营收报表由客运值班员根据自动售票机钱箱清点报告、票务员结算单和自动售票机打印的补币小单等记录填写，主要体现每天车站的运营收益情况，包括票款解行记录。

5）现金缴款单。现金缴款单是由客运值班员填写并随解行现金一起交由银行解行人员进行核对的报表，由客运值班员和银行工作人员共同完成，作为票款入账的基础凭证留存。

（2）票务报表的填写要求

1）报表填写必须真实、准确、完整、及时。报表填写完毕，填写人员必须加盖私章。“真实”即报表填写必须如实反映票务情况，不得捏造事实，弄虚作假。“准确”即报表填写必须确保数据正确。“完整”即必须按报表所列事项填写，不得遗漏。“及时”即报表必须在规定期限内填制完毕，并按规定时间上交，不得故意拖延。

2）需要复写的报表一定要清晰，不要上面清楚、下面模糊。

3）报表必须用蓝色或黑色笔填写，字迹必须清晰、工整。阿拉伯数字应一个一个地写，不得连笔书写。需要复写的报表用圆珠笔填写，不需要复写的报表可用钢笔或签字笔填写。

4）报表原则上不能涂改，当填写出现错误确实需要更改时，必须取得相关当事人的确

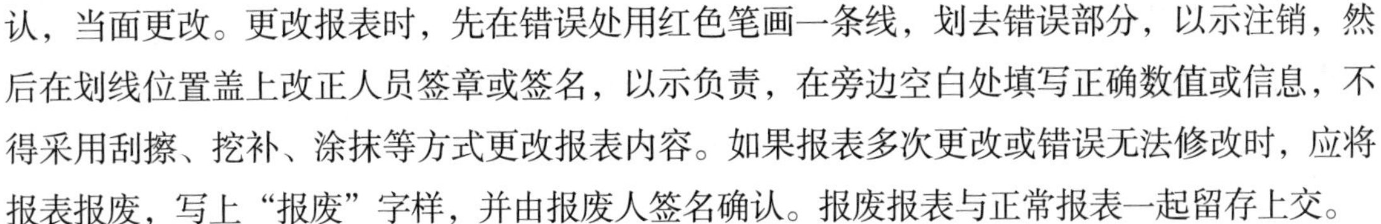

认，当面更改。更改报表时，先在错误处用红色笔画一条线，划去错误部分，以示注销，然后在划线位置盖上改正人员签章或签名，以示负责，在旁边空白处填写正确数值或信息，不得采用刮擦、挖补、涂抹等方式更改报表内容。如果报表多次更改或错误无法修改时，应将报表报废，写上“报废”字样，并由报废人签名确认。报废报表与正常报表一起留存上交。

三、票务收益安全

票务收益安全主要是指车站车票、现金的安全管理。为了保障收益，城市轨道交通运营企业需要制定保障制度，以保证票务收益安全。

1. 影响票务收益安全的主要因素

影响票务收益安全的因素主要分为人为因素、设备因素、管理因素三个方面。

（1）人为因素

人为因素包括内部人员因素和外部人员因素。内部人员指的是在城市轨道交通运营系统内能够接触到车票和现金的人员，主要包括车站售票员、客运值班员、值班站长、票务室票务员等。这些人员的素质、职业道德水平和业务水平都将影响票务收益安全。例如，票务员票务操作不熟练或者存在失误，就可能造成处理错误或票务收益流失；票务员或客运值班员工作态度不端正、职业道德水平不高，将可能导致监守自盗等影响票务收益的问题。

案例分析

点错钱＝改报表？

某月21日，检查人员到T站审核站存车票及备用金时，发现早班售票员交班时长款55元。当日值班员A在检查人员离开后重新清点票盒票款和备用金，由于粗心大意，误以为备用金少了60元，便把长款55元补作备用金，同时修改有关报表。22日，值班员在配票时发现票盒内有60元备用金，经过核对才确认21日早班售票员交班时长款55元，造成长款延误处理。

事件处理结果：按三类票务事故（伪造账目，擅自修改报表，未经中心站站长同意采取手段达到实收和应收目的的行为）给予值班员A通报批评并罚款200元，给予售票员通报批评并罚款100元。

原因分析：值班员A业务技能不过关，错点备用金，是导致此次票务事故的主要原因；对票款、备用金数额产生怀疑时，未上报站长或值班站长共同清点和确认，而是私自拿长款当备用金，擅自修改报表，是导致此次票务事故的次要原因。

外部人员主要指车站乘客和车站使用人员等。乘客是车站票款收益的主要来源，吸引乘客使用城市轨道交通是保证票务收益的关键，同时，乘客的逃票、误操作等行为都可能使企业损失运营收入。一些外来人员的不良行为如盗窃、抢劫等也可能会造成票务收益的损失。

（2）设备因素

车站自动售检票系统是票务收益的主要收集来源，设备运作是否正常也将影响票务收益安全。例如，售检票设备工作出现异常，售票、检票过程出错等，可能导致乘客车票问题未被检出。或者设备设计漏洞被乘客利用，导致乘客逃票，就会造成票务收益流失。

（3）管理因素

城市轨道交通系统的各项操作应该都有管理制度，各项操作都做到按章办事，对可能发生的票务失误等情况提前预防，对发生的违章事件能够按章进行处理，也能提高票务收益安全性。相反，如果管理制度不完善、执行不严格，就可能滋生违章操作，威胁票务收益安全。

2. 保障票务收益安全的措施

城市轨道交通运营企业可以从车票管理和现金管理两个方面采取措施，保障票务收益安全。

（1）加强车票管理

为了保证车票的安全，需要从人为因素、设备因素、管理因素三个方面入手。

1）人为因素。车票在使用过程中，会接触到票务室的工作人员、车站的工作人员和乘客。为提高安全性，企业应对员工加强技术、道德方面的培训和教育，确保员工在处理车票时不出或少出差错，以认真、无私的态度对待车票等公有财产，避免利用车票谋私利损害企业利益的情况发生。同时，企业也应对乘客加强宣导，提高其认识，让乘客更正确地使用车票，避免车票损坏、丢失等情况，减少损失。

2）设备因素。保证自动售检票设备的工作安全是保障票务收益安全最基本的措施。例如，为提高自动售票机的出票正确率，应对其进行定期检修，保证其正常工作。此外，还应提高自动检票机的工作稳定性，防止乘客利用设备漏洞逃票等情况发生。凡涉及车票使用的环节，都应加强监控设备的布置，提高工作的安全性。

3）管理因素。针对车票使用流程中的各个环节，运营单位应建立完整有效的操作流程，并对流程的执行进行有效监督，保证按章办事，发现违规操作必须及时进行纠正或处理，以免扩散，造成更大损失。图 3-5 所示为某地地铁车票使用流程。

（2）加强现金管理

对现金的管理与车票一样，应做到人、设备、管理三合一，尤其要加强对假币的识别并保证钱箱运送、回收安全。

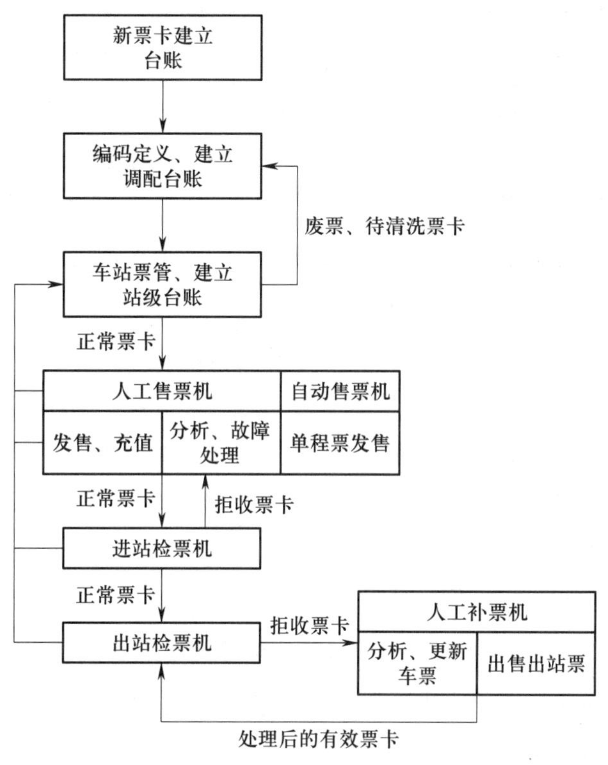

图 3-5　某地地铁车票使用流程

1）加强对假币的识别和完善处理程序。车站工作人员应认真学习中国人民银行发布的各版本人民币真伪的识别方法。乘客交付的现金均需经过人工及设备识别，不能确认真伪时，请乘客更换。车站相关人员要严格把关，以“谁收取谁补”为原则，杜绝假币流入。若员工收取假币，原则上应等价赔偿。如有特殊情况，可经票务运作和票务管理部门（如车务、财务、票务和稽查等）会商决定。

2）保证钱箱运送、回收安全。售检票终端设备中涉及现金交易的自助设备主要有自动充值机和自动售票机。在车站日常票务运作中或运营结束后需要回收设备内的钱箱，以便进行现金清点和票款解行。设备钱箱主要有自动充值机纸币钱箱、自动售票机纸币钱箱和硬币回收箱。为确保现金安全，操作员在钱箱回收和运输过程中必须遵守以下规定：

①根据需要准备一定数量的空钱箱，以便回收售检票终端设备内钱箱时作为替换用。

②回收设备钱箱必须两人在场，同时严格按照设备操作规程的要求进行操作。

③回收钱箱要详细填写记录表中的内容，包括日期、时间、设备号、钱箱号和经办人签名等。

④钱箱从设备上取下要立即放入运营小车中并上锁（如有该功能），然后按操作规程要求装上空钱箱。

⑤运营小车应紧跟操作员身边，并避免无关人员接近。

⑥钱箱回收完毕后，设备后门要及时上锁。

⑦杜绝粗心大意，必须确保回收所有钱箱。

⑧将运营小车推回票务室途中要两人同行，选择安全的路线且任何人都不可擅自离开。

3. 票务收益保障

提升服务质量，提高城市轨道交通出行吸引力，扩大市场占有率，是票务收益的主要保障措施。具体来说，可以采取以下措施：

（1）提高服务质量，增加城市轨道交通出行吸引力

城市轨道交通由于其准时、快速、运量大、舒适等特点，已经越来越被现代城市居民所接受，但是轨道交通站点有限，线路网覆盖范围也有限，需要与其他交通方式衔接，且出行费用相对较高。因此，城市轨道交通可以通过扩大线路网范围、加开线路和班次、进行票价补贴等方式提升吸引力，保证票务收益。

（2）防止乘客持游戏机币和假、残币购票

设备部门应加强自动售票机纸币及硬币模块的测试与整改，使设备接收游戏机币和假、残币的比率处于较低水平。票务人员收取乘客现金时，应采取人工识别与机器识别相结合的方式鉴定真伪。

（3）严格执行车票管理制度，保证车票使用安全

车站车票应定期（每旬、每月）盘点，盘点应将车站所有的票卡回收、拆封进行逐一清点。车站应规范员工行为，控制单程票使用、回收的各环节，严防单程票流失。对预制票、储值票（包括记次卡）等预赋（充）值车票，应专门制定管理办法规范保管与使用。

（4）对车站票务工作进行标准化管理

制定标准化作业流程可以有效提高票务工作效率，并形成长效机制。加强对员工票务政策、设备操作、报表填写等票务业务培训，统一执行标准。通过测验、评估、技能竞赛等多种形式，检验员工的业务水平。提高员工职业道德素质，提升员工的法律意识。

第二节　自动售检票系统

目前，城市轨道交通票务系统已经发展成为自动化程度高、功能完备的自动售检票系统。自动售检票系统通过运用自动控制、计算机网络通信、现金自动识别、机电一体化、嵌入式系统和大型数据库管理等高新技术，实现售票、检票、计费、收费、统计、清分、管理等全过程的自动处理。

一、自动售检票系统概述

1. 自动售检票系统的层次

一般的城市轨道交通自动售检票系统包括五个层次，各层关系类似金字塔，如图 3–6 所示，从高到低依次是清分系统、线路中央计算机系统、车站计算机系统、车站终端设备和票卡媒介。

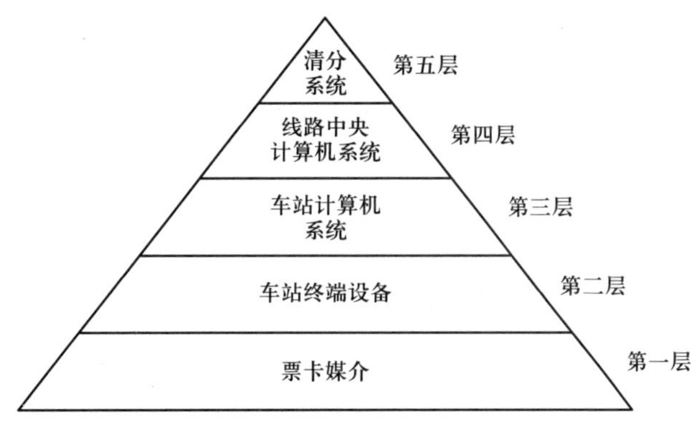

图 3–6 城市轨道交通自动售检票系统层次图

（1）清分系统

城市轨道交通清分系统负责不同收费系统之间的账务清分、结算。清分系统在车票管理方面具有“一卡通”车票类型定义、初始化编码、发行、分拣、调配管理等功能；在票务管理方面具有车票交易数据处理、车票发售收益统计、运营收益统计、运营报表处理、运营交易数据清分、票务对账结算、车票发售现金收入管理、运营收益转账、交通卡中心数据交互等功能；在运营管理方面具有运营参数管理、客流统计与分析、系统运营模式管理、系统运营信息发布、车票使用信息查询等功能；在系统维护方面具有系统用户管理、权限管理、数据归档和备份、系统数据恢复、系统日志管理等功能。

（2）线路中央计算机系统

线路中央计算机系统是城市轨道交通线路自动售检票系统的管理与控制中心，负责本线路中的票务管理、交易与设备状态信息采集、运行管理、客流管理、黑名单管理、软件版本管理、收益管理、统计报表等。

（3）车站计算机系统

车站计算机系统是车站自动售检票系统的管理中心，负责车站级的票务管理、运行管理、客流管理、交易数据采集、车站终端设备管理等。

（4）车站终端设备

车站终端设备安装在各线路车站，是进行车票发售、进站检票、充值、验票分析等读写交易处理的终端设备。

（5）票卡媒介

票卡媒介（车票）是城市轨道交通的乘车凭证，采用非接触式 IC 卡。车票内芯片可记录乘客的旅行信息，数据的读写由车站终端设备进行。

2. 城市轨道交通自动售检票系统基本架构

基于城市轨道交通系统的网络化运营需要，自动售检票系统应具备的技术要求包括：在城市轨道交通运营网络内所有运营线路间实现“一卡换乘”，实现在各线路之间的票务清分、结算，实现线路与城市公共交通卡发行、管理部门的清算。

根据各城市的实际线路情况，自动售检票系统的基本架构可分为以下几种：

（1）线路式架构

线路式架构的自动售检票系统是根据运营线路独立管理票务的要求而设计的，其形式如图 3-7 所示，“LC”表示线路中央计算机系统，“SC”表示车站计算机系统，“SLE”表示车站设备。

在线路式架构中，每条运营线路都有一套独立的自动售检票系统，不同线路之间的自动售检票系统是彼此独立的，票务信息不能共享，无法满足跨线换乘的应用需要。

线路式架构的特点在于系统容易实现，但是仅能够实现线路的票务统计、客流统计和运营管理，乘客无法实现路网线路的直接站内换乘，且线路票务系统之间存在重复建设的问题。线路式架构适合于单线路城市轨道交通或线路独立运营的情况。

（2）分散式架构

分散式架构是基于网络由若干个区域构成，每个区域由若干条线路组成，但各个区域相互独立的情况设计的，其形式如图 3-8 所示。

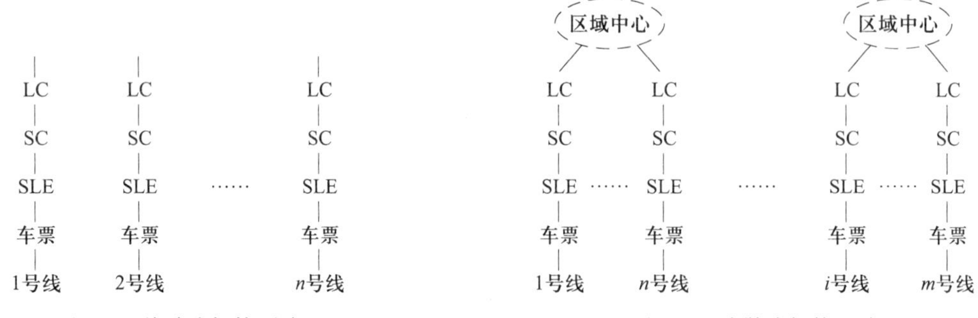

图 3-7　线路式架构形式

图 3-8　分散式架构形式

分散式架构的特点是不能实现跨区域换乘，每个区域内都可以实现本区域线路的票款、客流统计和收支分离等管理，但要实现区域间的全面管理，就需要进行若干区域的数据汇总、分析和统计。分散式架构适用于条状区域管理的城市轨道交通系统或由多个运营商分别管理的系统。

(3) 区域式架构

区域式架构是在分散式架构和线路式架构基础上设置一个路网中心，区域中心用于进行所辖线路的数据、信息处理，其形式如图 3-9 所示。

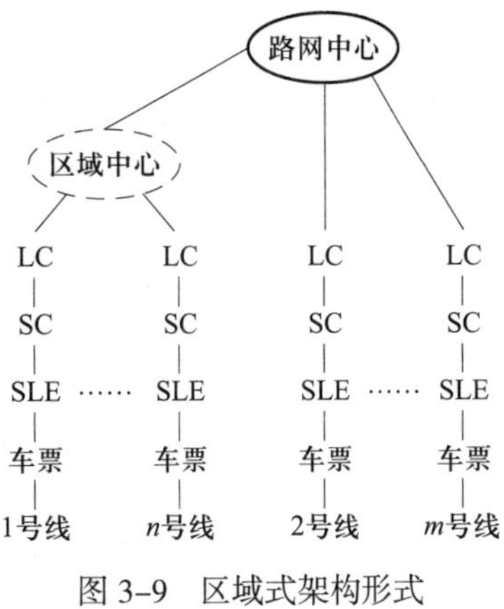

图 3-9 区域式架构形式

区域式架构的特点是线路收益的清分、统计和管理分布在不同的层面上，路网中心无法直接了解区域线路之间的清分数据，只能通过区域售检票系统查询相应的数据。区域式架构主要适用于区域式线路和独立线路构成的城市轨道交通系统。

(4) 完全集中式架构

完全集中式架构是将网络中所有的线路拟成一条路网式线路，设置一个路网中心，线路上车站的计算机系统集中后通过通信设备直接与路网中心连接，不设置线路中心系统进行相应的清分处理，其形式如图 3-10 所示。

(5) 分级集中式架构

分级集中式架构是在线路式架构的基础上设置一个路网中心，路网中心负责获取全路网交易数据，确定各线路的换乘结算方式和数据公共接口，并对各线路的跨线交易数据进行实时清分，其形式如图 3-11 所示。

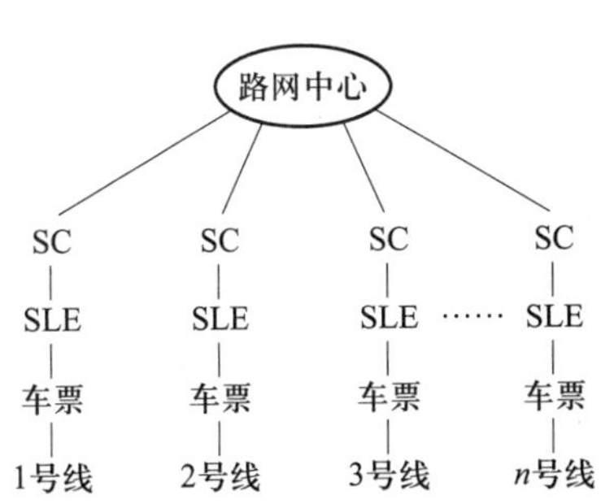

图 3-10 完全集中式架构形式

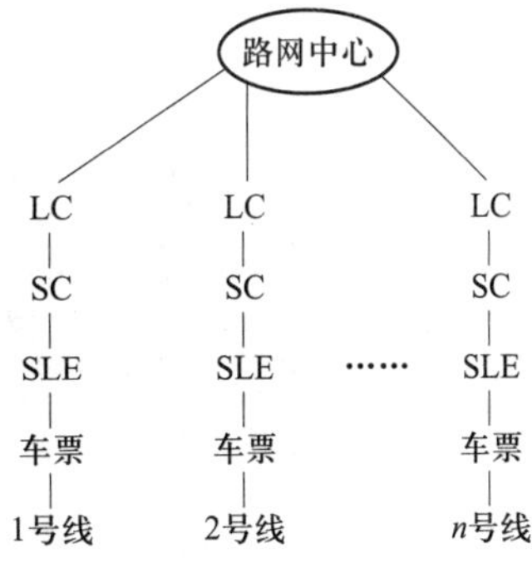

图 3-11 分级集中式架构

二、自动售票机

自动售票机设置于车站非付费区，供乘客自助式购买单程票和对储值票进行充值。

1. 自动售票机的结构

自动售票机以主控单元为核心，辅以现金处理装置、乘客显示器、打印机、电源等模块，还可以根据需要配置触摸屏、运营状态显示器、银行卡读写器及密码键盘等部件。自动售票机外部结构如图 3-12 所示，内部结构如图 3-13 所示。

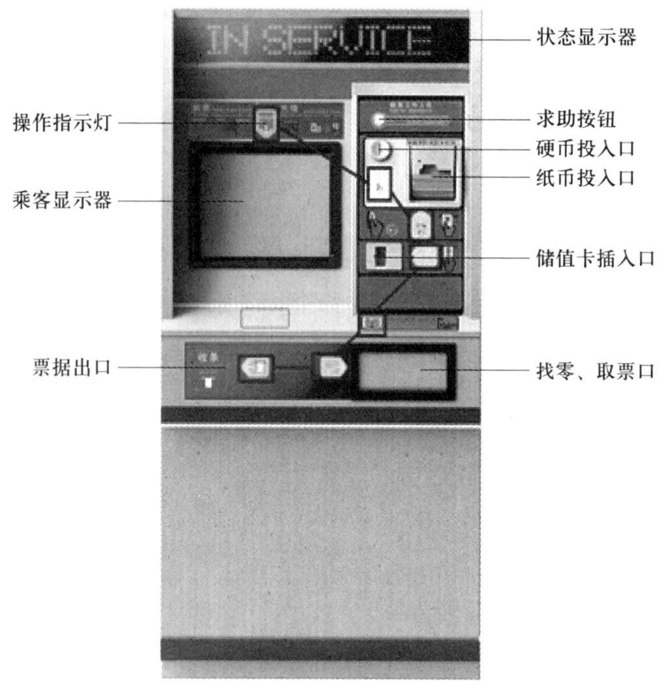

图 3–12　自动售票机外部结构

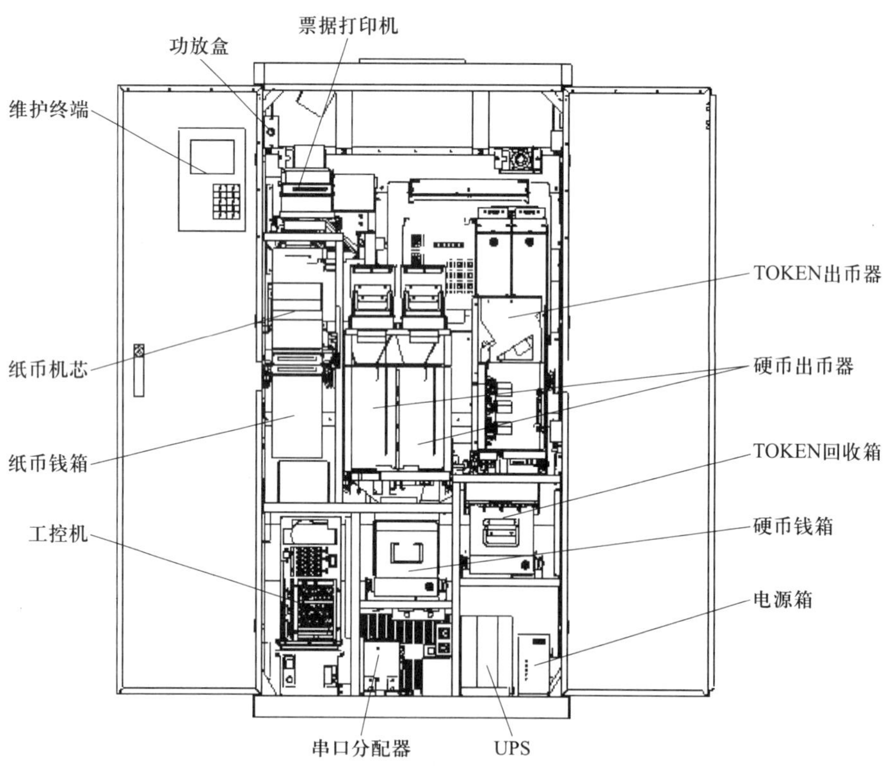

图 3–13　自动售票机内部结构

2. 自动售票机的基本操作

自动售票机的基本功能是通过乘客的自助式操作完成自动售票。自助购票的基本过程包括购票选择、接收购票资金、自动出票及找零等过程，在必要时还可以打印充值凭证等。自动售票机可接受硬币和纸币购买单程票，也具有对一卡通和专用储值票进行充值的功能。同时，自动售票机预留银行卡的数据接口和电气接口物理空间，方便支付方式的扩展。

（1）自动售票机购票操作

常见的自动售票机乘客操作界面如图 3–14 所示。

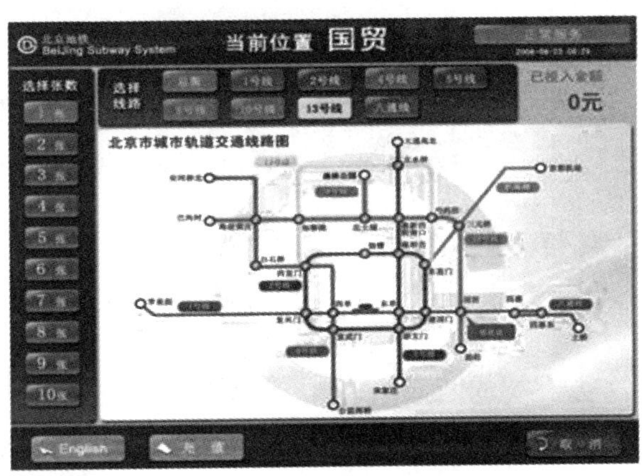

图 3–14　自动售票机乘客操作界面

1）地图区域。该区域能清晰显示线网地图，能实现地图的缩小、放大及水平移动。当乘客点击某车站时，以该车站为中心的附近几个车站会被放大显示，便于乘客正确选择目的地站购票。

2）选择线路区域。该区域提供按线路分类的按钮，当乘客点击选择要乘坐的线路时，该线路在地图区域放大，方便乘客快速、准确地选择目的地站。

3）运营和票卡选择区域。该区域可按票价直接购票，为熟悉票价的乘客提供便利。

4）时间区域。该区域实时显示当前的日期和时间。

5）功能选择区域。该区域提供供乘客选择或确认的按钮，如中、英文切换按钮和充值操作按钮等，实现相应的功能。

6）信息提供区域。该区域主要用于向乘客显示相应情况下的信息。

7）状态区域。该区域显示自动售票机当前运营状态的信息。

具体来说，自动售票机购票步骤如图 3–15 所示。

（2）自动售票机充值操作

乘客使用现金在自动售票机上进行储值票充值时，自动售票机通常可接收第五版人民币 10 元、20 元、50 元和 100 元币种充值。

单程票的购买

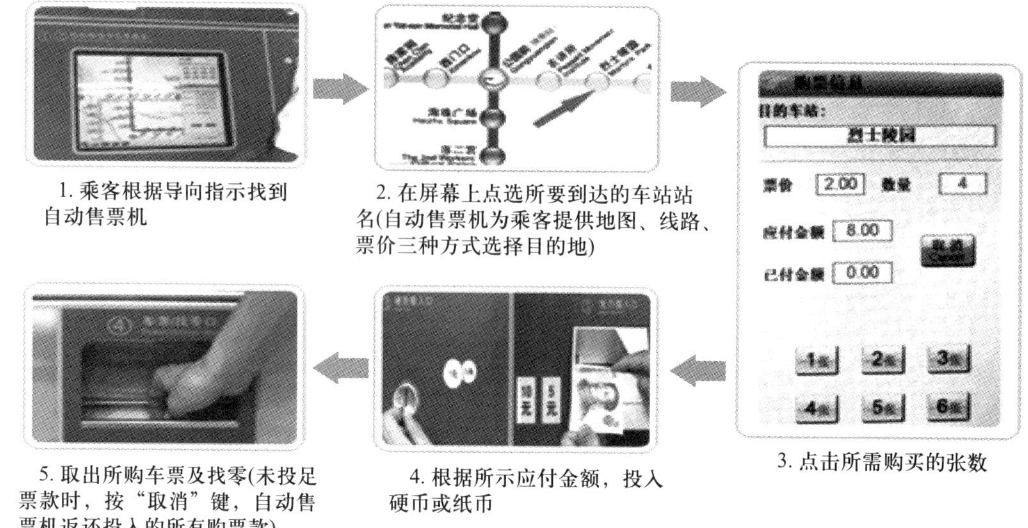

图 3-15　自动售票机购票步骤

具体操作流程大致分为在主界面选择“充值”按钮、插入储值票、支付储值票充值金额、设备对储值票充值、返还储值票等几个步骤。自动售票机充值步骤如图 3-16 所示。乘客从开始充值后至支付充值金额之前都可以取消交易，点击“取消”按钮或者一定时间内没有任何操作时，返还投入的储值票并返回初始界面。

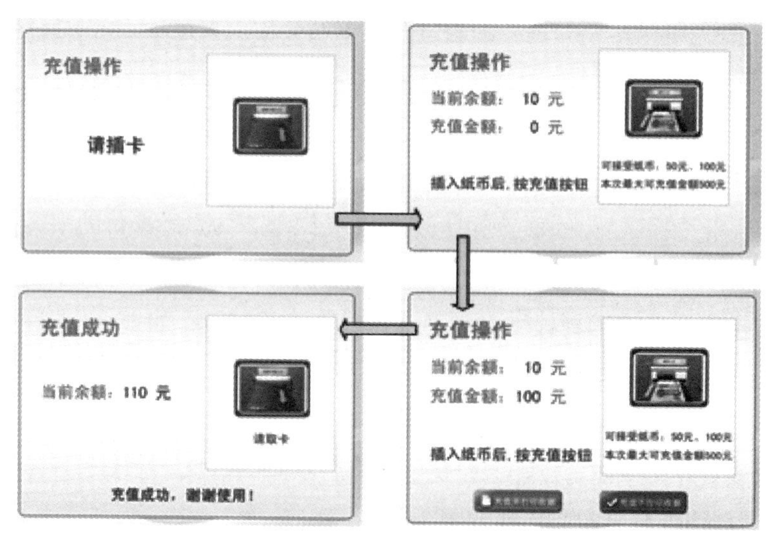

图 3-16　自动售票机充值步骤

3. 自动售票机的常见故障处理

自动售票机的常见故障、原因分析和解决办法见表 3-2。

表 3-2　　　　　　自动售票机的常见故障、原因分析和解决办法

常见故障	原因分析	解决办法
开机无显示	1. 无电源输入 2. 部件连接异常	1. 打开工控机电源 2. 检查显示器连接线路
提示暂停服务（非上一级系统控制）	1. 单程票处理单元异常 2. 硬币处理单元、纸币处理单元异常 3. 维修门在打开状态或维修门状态检测传感器异常	1. 检查维修门并将维修门全部关紧上锁 2. 检查维修面板是否已注销
显示“只收纸币”	1. 硬币处理模块有卡币 2. 硬币箱没有正确安装	1. 设备启动后会对硬币模块进行测试，如果测试失败会进入“只收纸币”状态，这种问题一般是有硬币识别模块被硬币或其他异物堵塞导致，应检查硬币识别模块并重新启动设备 2. 正确安装硬币箱或者进行补币操作
显示“网络连接失败”	网络出现故障	检查自动售票机和服务器之间的网络连接是否正常，系统服务器软件是否正常运行
显示“只收硬币”	1. 纸币识别模块有卡币 2. 纸币箱没有正确安装	1. 纸币识别模块被纸币或其他异物堵塞，检查纸币识别模块并重新启动设备 2. 正确安装纸币箱
显示“无找零”	1. 硬币识别模块内没有放入找零用硬币 2. 硬币找零钱箱没有正确安装	1. 放入找零用硬币 2. 正确安装硬币找零钱箱
显示“只充值”	1. 单程票发售模式内没有放入车票 2. 票箱没有正确安装	1. 放入发售用车票 2. 正确安装票箱
显示“暂停服务”，不能进入工作状态	1. 维修面板故障 2. 维修门没有关上	1. 检查维修面板，若故障，应联系厂家检查维修面板 2. 检查维修门并将维修门全部关紧上锁
显示“只发售”	1. 储值票读卡器有故障 2. 连接错误	1. 联系厂家更换储值票读卡器 2. 检查连接线缆
启动后乘客显示器没有显示	1. 自动售票机内部工控机没有开机 2. 显示器处于关闭状态	1. 打开工控机电源 2. 检查显示器连接线路

三、半自动售票机

半自动售票机又称人工售 / 补票机或票房售 / 补票机，通常安装在售 / 补票房或车站服务中心内，采用人工方式完成票务处理、车票发售、充值、车票分析（验票）、退票及其他票务服务。

根据应用需求，可按功能分离设置成单独的半自动售票机或半自动补票机，也可设置成半自动售票和补票功能结合的设备。功能单一的半自动售票机应安装在非付费区，半自动补票机则安装在付费区。功能结合的半自动售票机可以同时安装在非付费区与付费区内，兼顾售票、补票功能。

1. 半自动售票机的结构

半自动售票机以主控单元为核心，由车票读写器、乘客显示器、打印机、电源等模块组成（见图 3–17），还可以根据需要配置操作员触摸屏、车票处理装置、钱箱等部件。半自动售票机可以配置支持自动发售车票的车票处理装置，完成车票自动发售。

图 3–17　半自动售票机构成

2. 半自动售票机的基本操作

半自动售票机操作界面由一级功能按钮（主功能按钮）、二级功能按钮、票卡基本信息显示和分析结果区、系统主要状态信息和设备基本状态信息等组成。

将车票放在读卡器上，按下“分析车票”按钮，系统读取车票的信息并显示出来。系统根据业务规则自动判断当前车票的可操作权限，二级功能按钮就会被激活。在二级功能操作窗口操作相应按钮，即可完成对车票的相关操作。

3. 半自动售票机的常见故障处理

半自动售票机的常见故障、原因分析和解决办法见表 3–3。

表 3-3 半自动售票机的常见故障、原因分析和解决办法

常见故障	原因分析	解决办法
无法正常充值	储值卡读卡器没有正确连接	正确连接储值卡读卡器
显示“网络连接失败”	网络出现故障	检查半自动售票机和服务器之间的网络连接是否正常，系统服务器软件是否正常运行
乘客显示器没有显示	乘客显示器电源没有打开或者连接错误	打开乘客显示器电源或者检查线缆连接
不能打印票据	打印机电源没有打开或者打印纸已经用尽	打开打印机电源或者安装打印纸
无法发售单程票	单程票发售模块内没有放入车票或者票箱没有正确安装	在单程票发售模块内放入发售用车票或者正确安装票箱
显示“暂停服务”，不能进入工作状态	维修门没有关上	检查维修门并将维修门全部关紧上锁
打印的票据没有内容	打印机色带没有安装或者已经用尽	正确安装色带或更换色带
操作员显示器没有显示	半自动售票机内部工控机没有开机或显示器处于关闭状态	打开工控机电源或打开显示器电源

四、自动检票机

自动检票机又称闸机，是实现乘客自助进出站检票交易（在非付费区和付费区间通行）的设备。对有效车票，自动检票机通道阻挡解除（开启门扇或释放转杆），允许乘客进出站。

1. 自动检票机的结构

自动检票机以主控单元为核心，辅以阻挡装置、车票处理装置、声光提示装置等模块，总体布局和外观结构如图 3-18 和图 3-19 所示。

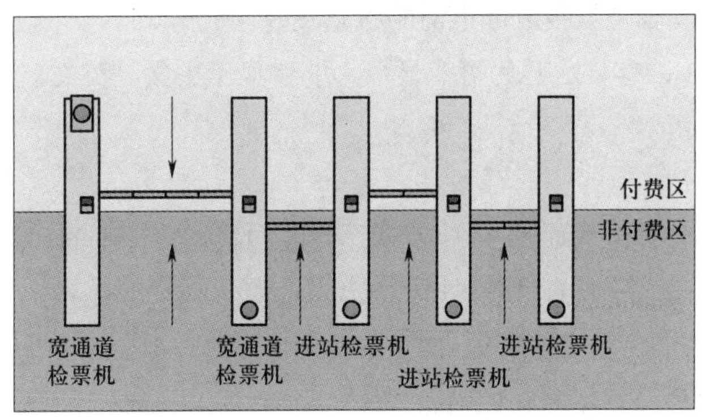

图 3-18 自动检票机总体布局

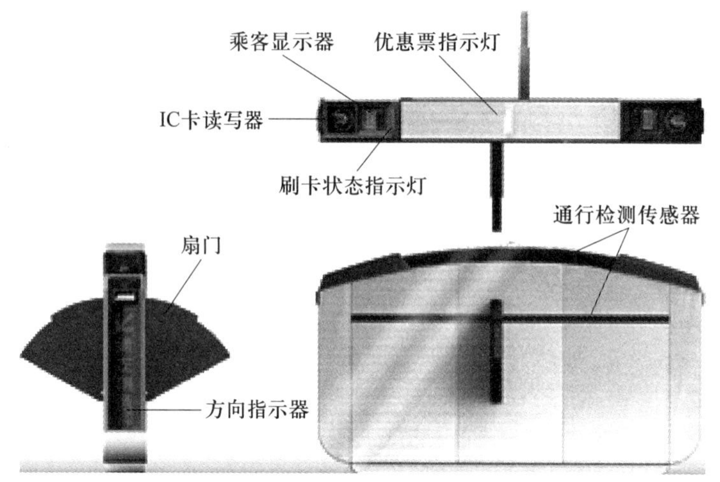

图 3–19　扇门式自动检票机外观结构

下面分别介绍自动检票机的上部结构、侧向结构、立面结构和阻挡装置。

（1）上部结构

自动检票机上部外观结构如图 3–20 所示，主要包括票卡读写器和乘客显示器等。

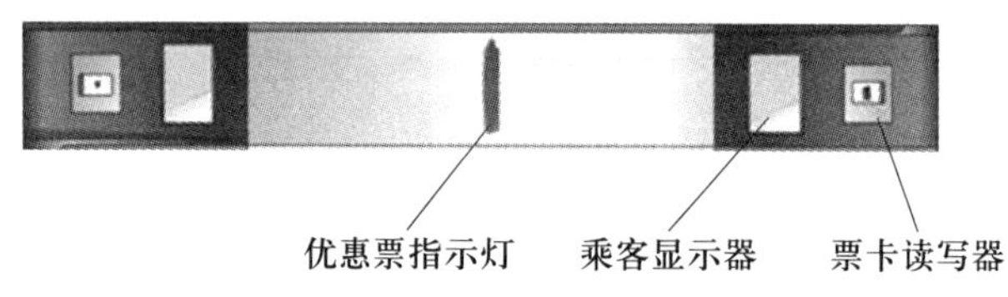

图 3–20　自动检票机上部外观结构

1）票卡读写器。票卡读写器安装位置应符合大多数乘客右手持票的习惯，有醒目的标识指示乘客刷卡位置。同一时刻内，在票卡读写器感应区内同时出现两张（或以上）单程票时，票卡读写器对单程票均不做处理。外部电源失电时，不破坏或改变票卡读写器的内存数据。复电时，票卡读写器能恢复到断电前的状态及内存数据。

2）乘客显示器。乘客显示器为可变显示，能够显示中文、英文、数字及图形，引导乘客正确使用自动检票机。

（2）侧向结构

自动检票机侧向外观结构如图 3–21 所示，主要包括通行传感器和高度传感器等。

1）通行传感器。通行传感器能够监控乘客通过自动检票机的整个过程和通过的人数。自动检票机一般采用两种通行传感器：透过型传感器和漫反射型传感器。

不同区域的通行传感器类型和作用如下：

进站区域 1（A）：采用透过型传感器，监测是否有乘客进入通道。

进站区域 2（B）：采用透过型传感器和漫反射型传感器，判断无票乘客的通行行为。

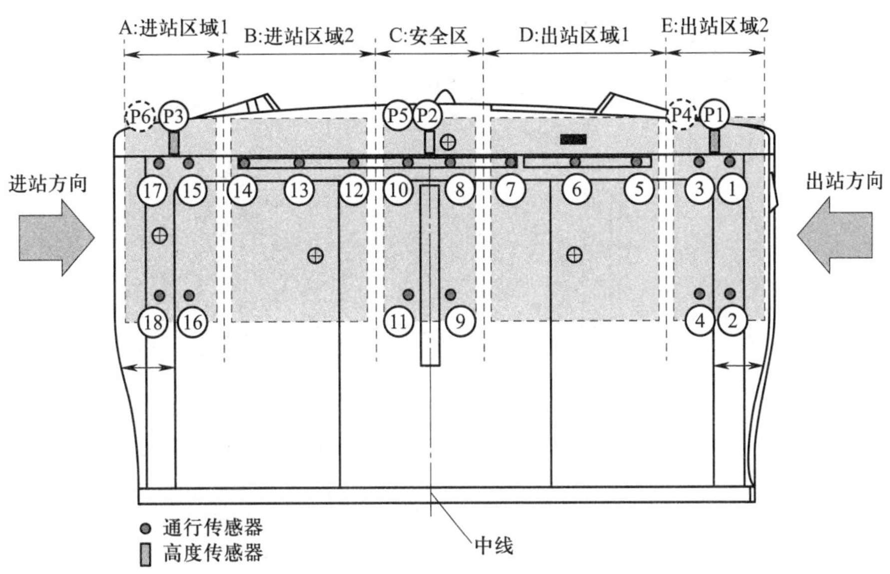

图 3–21 自动检票机侧向外观结构

安全区（C）：采用透过型传感器，安装于不同的高度，监测通行情况，反馈信号控制闸门，保护已进入通道的乘客，防止闸门夹住乘客。

出站区域 1（D）：采用透过型传感器，检测乘客是否已经通过闸门，如果发现乘客已经通过闸门，发现有跟随通行行为时，反馈信号控制闸门关闭，防止第二个乘客通过。

出站区域 2（E）：采用透过型传感器和漫反射型传感器，检测与自动检票机设定方向相反进入通道的乘客，发现有逆行通行行为，检票机将关闭闸门并报警。

2）高度传感器。自动检票机上装有检测身高的漫反射型传感器，用于检测通过的乘客是否为身高 1.2 ~ 1.4 m（高度可调）的儿童。当这个漫反射型传感器未检测到任何物体时，即使其他的传感器检测到有物体通过，也不认为是通过的乘客。因此，身高 1.2 ~ 1.4 m 的儿童可以安全地通行。但是在实际通行当中，由于乘客通过时身高变化较大，所以不能非常精确地利用身高作为识别儿童乘客的依据。儿童身高检测如图 3–22 所示。

（3）立面结构

自动检票机立面结构如图 3–23 所示，主要包括方向指示器和车票处理装置。

1）方向指示器。方向指示器位于自动检票机面向乘客的前面板上，显示通道的通行方向，远距离指示乘客通道的通行状态。方向指示器的设计应确保乘客在 30 m 外的距离可以明辨标志的内容和含义。

2）车票处理装置。车票处理装置是自动检票机的关键部件之一，负责完成车票读写、传送及回收处理。车票处理装置主要包括车票读写设备和车票传送装置。带有票箱的车票处理装置通常需要配置两个票箱，并实时监控票箱的状态，在票箱未安装、票箱将满或票箱已

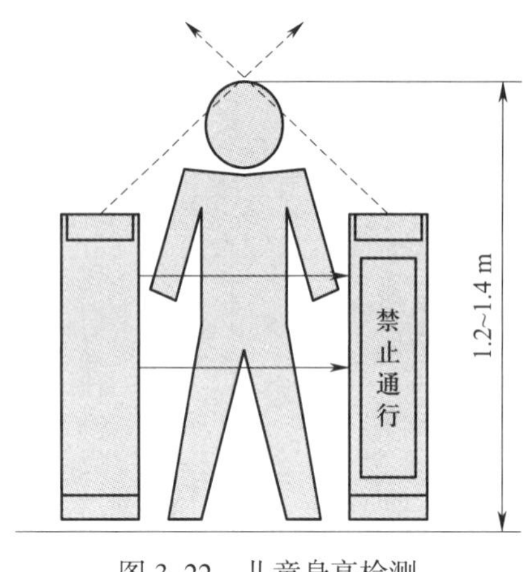

图 3–22 儿童身高检测

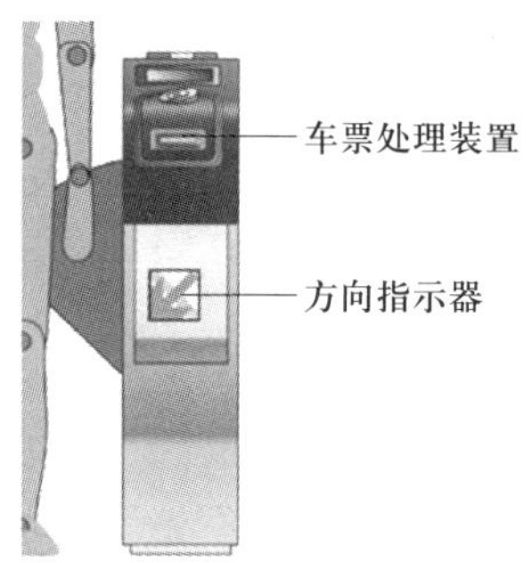

图 3–23 自动检票机立面结构

满时，需要向主控单元发送相关信息，主控单元将相关信息上传到车站计算机系统。票箱通常还需要具有计数功能，或由主控单元进行计数。

（4）阻挡装置

自动检票机的阻挡装置在获得通行许可前起到阻挡乘客的作用，通常有翼闸、三辊闸和摆闸三种形式，如图 3–24 所示。

a）

b）

c）

图 3–24 不同形式阻挡装置的自动检票机

a）翼闸 b）三辊闸 c）摆闸

2. 自动检票机的基本操作

自动检票机的基本操作包括上电、下电以及安装票箱、拆卸票箱操作。

（1）上电、下电

上电时开启电源开关，打开开机开关，输入 ID 和密码。下电时先关闭开机开关，再关闭电源开关。

（2）安装票箱

自动检票机安装票箱操作过程如图 3–25 所示，要按顺序进行，在完成当前步骤之前不能进入到下一个步骤。

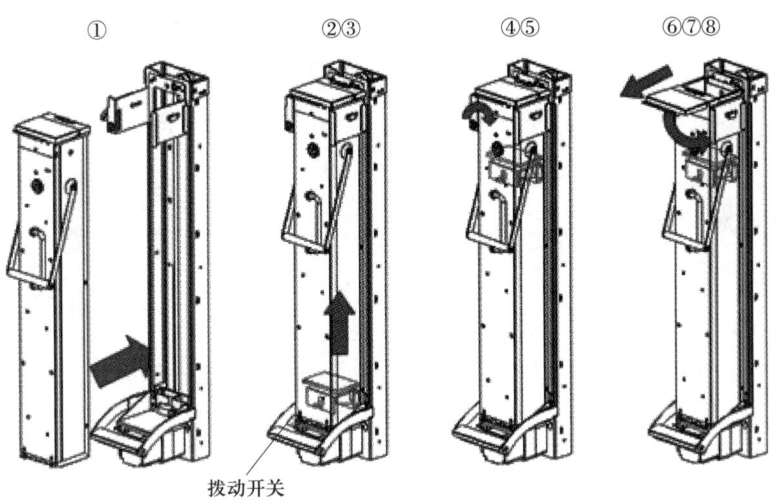

图 3–25　自动检票机安装票箱操作过程

（3）拆卸票箱

自动检票机拆卸票箱操作过程如图 3–26 所示，与安装一样要按顺序进行，在完成当前步骤之前不能进入到下一个步骤。

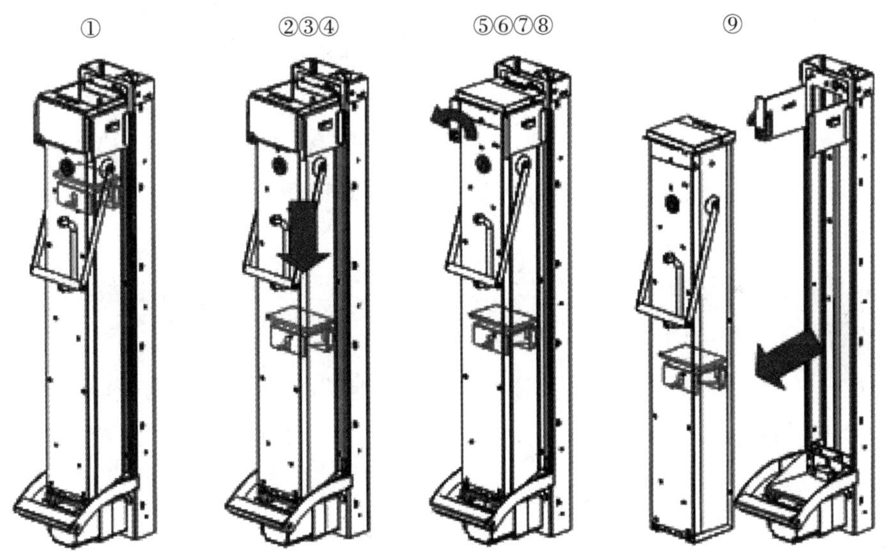

图 3–26　自动检票机拆卸票箱操作过程

3．自动检票机的常见故障处理

自动检票机的常见故障包括设备未初始化、单程票读写器通信故障、票盒将满、转向器失效和智能卡（一卡通）读写器通信错误等。

（1）设备未初始化（有故障代码）

自动检票机每次开机启动后，首先进行设备自检，此时会在乘客显示屏右下角显示

“04”，表示设备自检。自检通过后乘客显示屏上显示“请使用车票”，设备正常运行。若自检过程中发现有故障，自检结束后则会在乘客显示屏上显示相应故障码。若自动检票机一直处于自检状态，乘客显示屏上始终显示“04”，则表明设备发生故障。

解决办法：检查电子控制单元中所有接插件是否松动；检查网络通信插头、检票机与车站计算机之间通信电缆连接是否完好，自动检票机与车站计算机之间通信是否正常；用便携式计算机连接电子控制单元将数据清空，重新下载参数。

（2）单程票读写器通信故障（有故障代码）

当自动检票机单程票读写器发生故障时，乘客显示屏上显示“请使用公交卡”，提醒乘客单程票无法使用，并会在车站计算机上报警提示维修人员。

解决办法：重新启动自动检票机，观察自动检票机单程票读写器是否能正常工作；检查单程票读写器与单程票读写天线间的连线和射频线连接是否松动；检查单程票读写器与电子控制单元的连线是否松动；更换单程票读写器。

（3）票盒将满（有故障代码）

出站自动检票机中，票盒 1 和票盒 2 的顶部各有一对传感器探测票盒中所回收车票的高度。当票盒将满和已满时向车站计算机反馈信息，提醒工作人员更换票盒。因此故障代码“61”常表示一种状态，但票盒中所回收的车票很少时出现“61”则为一种故障。

解决办法：用测试诊断码“21”对车票回收装置票盒 1 传感器进行检查，传感器坏则进行更换；检查车票回收装置传感器与驱动接口板之间连线是否松动；更换驱动接口板。

（4）转向器失效

自动检票机传输机构转向器发生故障时，会发生“86”转向器出错故障，即转向器该吸合时没吸合，不该吸合时却吸合。

解决办法：用测试诊断码“18”对传输机构转向器进行诊断，检查其工作是否正常，若转向器坏则进行更换；检查传输机构转向器和乘客接口板间连线是否松动；更换乘客接口板。

（5）智能卡（一卡通）读写器通信错误（有故障代码）

当自动检票机智能卡（一卡通）读写器发生故障时，一卡通读写器天线上红色“×”灯点亮，提醒乘客票卡无法使用，乘客显示屏上显示“请插入车票”并会在车站计算机上报警提醒维修人员。

解决办法：重新启动自动检票机，观察自动检票机票卡读写器是否能正常工作；检查票卡读写器与票卡读写器天线间的连线和射频线是否松动；检查票卡读写器与电子控制单元的连线是否松动；更换票卡读写器。

4. 自动检票机的扫码购票、检票功能

现在，手机扫码支付已成为常用支付手段，许多城市轨道交通运营企业已实行扫码支付。乘客只需在手机中下载专用 App，与第三方支付绑定，或某些支付 App 自身具备地铁车票支付功能，进出站扫码即可完成乘车费用支付和检票。

具备扫码支付、检票功能的自动检票机内置了二维码扫描器。二维码扫描器与扫描二维码检票系统、App 支付接口实时对接，当二维码扫描器收集到支付码动态数据，即可将数据资料解码传送到二维码售检票系统和手机 App 支付系统核查校检，校检确认后闸门开启。

第三节　票 务 作 业

车站票务作业主要涉及站务员（售票员）、客运值班员和值班站长等岗位。

一、站务员（售票员）的票务工作

站务员通常分为售票岗、厅巡岗和站台岗，售票岗的工作通常以售票、兑零、处理乘客票务事务为主。

1. 配票程序

（1）客运值班员提前准备好售票员所需的车票、备用金、报表等物品，填写值班员交接记录簿和售票员结算单相关内容。

（2）售票员到点钞室客运值班员处，出示工号牌确认身份，分配票亭，领取车票、备用金、报表等物品，并逐一清点确认。

（3）售票员清点无误后，在纸质售票员结算单内签章确认。

（4）双人共同完成系统配票录入工作。

（5）售票员锁好钱箱，离开点钞室。

2. 售票程序

（1）票务员使用工号和密码登录。

（2）遵循“一问、二收、三唱、四操作、五找零”的步骤进行售票作业。“一问”即问清乘客需要，如购票类型、数量等；“二收”即收取乘客现金；“三唱”即唱所收现金数量，重复乘客购票要求，请乘客确认；“四操作”即检验现金真伪，确保收到现金为真币后在半自动售票机上进行相应售票操作；“五找零”即说出售票数量和找零金额，将车票和找零金额一起交给乘客。

（3）将车票交给乘客前，先对所售车票进行有效性分析，确认有效后方可交给乘客。

（4）发售车票后，应随票一起配发发票或售票凭证。

3. 结账程序

（1）售票员售票结束后，立即携带本班所有现金、车票及各类报表回点钞室。

（2）售票员与客运值班员一起清点所有的现金，并将现金总额（含备用金，不含预收票款）录入票务管理系统。

（3）售票员和客运值班员共同清点各票种车票，并将车票清点数量录入票务管理系统。

（4）客运值班员与售票员共同确认当班的所有纸质报表填写正确、完整。

（5）客运值班员将纸质报表的相关数据对应录入票务管理系统。

（6）客运值班员顶替售票员岗时，可由另一值班员或以上级别人员负责为其结账。

4. 售票员在岗注意事项

（1）车票交给乘客之前应请乘客通过乘客显示屏或打印单据确认车票有效性。

（2）不接受外币和支票购票。

（3）售票员离开票务室应尽量注销半自动售票机。若短时间离开，不注销半自动售票机时，必须确保半自动售票机不被他人使用且随时监控票亭情况。

（4）顶岗时若需在半自动售票机上进行操作，必须使用本人的密码登录半自动售票机。

二、客运值班员的票务工作

客运值班员主要负责车站的客运服务和票务管理工作，包括车票和现金管理、组织站务员完成售检票任务和车站票务营收数据统计、报表填写和保管，以及处理乘客票务、服务问题等。

1. 客运值班员交接程序

客运值班员之间的交接主要是各班客运值班员的交接班工作。交接班前，客运值班员必须清点票务室内所有现金、车票、票务钥匙、工器具等的数量，确保实物与报表记录一致。接班客运值班员必须根据交接记录簿清点、检查所有物品的数量和状态，双方确认方可签字。

现金的交接是指客运值班员之间对车站内的所有备用金、票款的交接。交接班双方必须在监控条件下，当面清点、核对现金数量和金额，确认无误后方可签收。如果发现金额不符，应立即通知值班站长到票务室确认，按实际数量进行签收。如果差额原因无法查明，则由交班人负责补足。如果长款则计入当天票款解行，同时报上级有关部门进行调查处理。

2. 自动售票机补币工作

客运值班员与值班站长共同负责补币工作。补币的具体操作按车站要求进行。

运营期间每台自动售票机的补币数量可根据客流情况确定，必须确保运营期间自动售票机内找零硬币充足。

用于补币的硬币必须在点钞室监控系统点币状态下由客运值班员和值班站长双人共同清点和加封。在清点过程中，每台自动售票机的补币清点数量必须在点钞室监控系统下进行

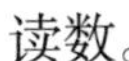

读数。

补币金额输入错误时，在自动售票机补币清单空白处注明实际补币金额和错误输入的金额，并由进行补币的值班站长和值班员同时签章确认。记录错误输入补币金额情况的补充硬币清单共两联，一联车站留存，一联随当日报表上交。

3. 钱箱清点工作

（1）硬币钱箱清点

硬币钱箱由客运值班员与其他人员共同清点。钱箱必须逐一清点，硬币钱箱在监控仪“点币”状态下清点完毕后，再进行“读数”。

清点硬币前必须检查点币机内有无遗留硬币，若有则对遗留硬币进行清点，并在报表上记录金额。

每清点完一个钱箱，必须确保钱箱已倒空并上锁。清点完钱箱所有硬币后，必须确认点币机内无遗留硬币。若点币机内有遗留硬币，则继续清点遗留硬币。如果遗留硬币无法通过点币机，则人工清点，人工清点数计入实点数。

（2）纸币钱箱清点

纸币钱箱清点必须由当班客运值班员和至少一名车站人员共同进行，并共同确认清点结果。

纸币钱箱清点时，清点人员将纸币钱箱打开，由另一清点人员将纸币钱箱内全部纸币取出并放在监控仪安全区域，然后立即将钱箱上锁。

（3）注意事项

客运值班员在清点钱箱过程中，非紧急情况不得离开点钞室。

车站当天更换的自动售票机钱箱应及时清点。清点钱箱时，相应的钱箱、钱袋、点币机和点钞机必须放在监控仪安全区域，整个清点过程中，任何人不得遮挡监控仪。若监控系统发生故障而造成车站无法按程序清点钱箱时，必须由一名值班站长或以上级别人员和客运值班员双人清点钱箱，并在台账及系统“录入钱箱清点报告”的总备注栏注明此情况，及时报修。

在清点中若发现非标准币，必须在系统“录入钱箱清点报告”界面记录，相关非标准币由客运值班员、清点人员共同用票务专用信封加封后随报表上交票务服务部。

车站更改纸质台账中的任何一处“实点金额”，均必须在监控仪安全区域内修改；更改系统“实点金额”必须由清点人员确认。纸质 / 系统的钱箱（含纸币、硬币）实点金额更改由小数改为大数时，车站按“划线更正法”进行更改，所有清点人员签章确认；由大数改为小数时，清点人员通知值班站长到点钞室进行核查，经核查确实需要更改的，值班站长及其他所有清点人员在更改处签章确认，同时备注相关情况。

车站进行钱箱清点后，如果需要将硬币再次进行归整清点时，应立即将监控仪转到“点币”状态下，对所有硬币进行第二次清点。第二次清点结束，确认点币机内无遗留硬币后，将监控仪转到“读数”状态进行读数。如果两次清点结果不一致，则客运值班员将监控仪转到“点币”状态后，马上通知值班站长到点钞室进行清点确认工作。客运值班员和值班站长按照正常操作程序对该批硬币进行重复清点（每次清点都必须进行读数），直至连续两次清点结果一致。若确认的最终硬币数与第一次清点的合计数不一致，值班站长与客运值班员选择该报表最后一条钱箱清点记录修改硬币钱箱的实点金额，值班站长在系统“输入钱箱清点报告”界面总备注栏说明情况（原总金额、更改后的总金额）。

钱箱清点完毕后，必须确认空钱箱已全部上锁。

三、值班站长的票务工作

值班站长直接对站长负责，服从行车调度员、客运调度员指挥，对本班的行车、客运、票务、培训和人员管理等具体事务进行管理和落实。值班站长具体负责车站票务管理工作，确保本班票务运作顺畅；负责本班车票、现金、票据及票务备品等安全；负责点钞室闭路监控系统的日常管理和监控；负责检查、监督、落实员工的票务工作。

第四节　票务应急处置

正常情况下，自动售检票设备都是自动运行，只需要进行设备的开启、关闭和车票、现金的补充等工作。当在运营过程中出现应急情况时，车站各岗位人员要在值班站长的统一指挥下，维持车站的票务运作。

一、自动售检票系统降级运营模式

自动售检票系统具备降级运营功能。降级运营模式包括列车故障模式、进出站免检模式、时间免检模式、日期免检模式、车费免检模式和紧急放行模式。

1. 列车故障模式

（1）设置条件：发生运营事故，需要在某站进行清客；列车晚点且要求退票乘客人数较多。

（2）设置决策人：车站值班站长及以上人员。

（3）设置地点：清客车站、列车晚点且要求退票乘客人数较多的晚点车站。

（4）设置方法：通过车站计算机设置“列车故障模式”。

（5）取消：清客结束后或晚点车站受影响乘客疏散完毕，值班站长下令通过车站计算机取消该模式。

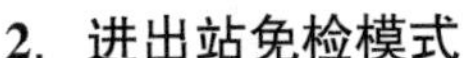

2. 进出站免检模式

（1）设置条件：车站的进站闸机全部故障且无法立即修复，或者由于车站出现大客流，导致大量由本站进站的乘客未通过进站闸机。

（2）设置决策人：车站值班站长及以上人员。

（3）设置地点：进站闸机故障站或大客流站。

（4）设置方法：通过车站计算机设置“进出站免检模式”。

（5）取消：车站进站闸机恢复正常、人潮控制结束后，值班站长下令通过车站计算机取消该模式。

3. 时间免检模式

（1）设置条件：由于列车延误等运营单位自身原因导致乘客手中的车票超时。

（2）设置决策人：车站值班站长及以上人员。

（3）设置地点：列车延误时受影响的车站。

（4）设置方法：通过车站计算机设置“时间免检模式”。

（5）取消：在解决了乘客手中车票“超时”问题或接到运营控制中心“列车恢复正常”的通知 30 min 后，值班站长下令通过车站计算机取消该模式。

4. 日期免检模式

（1）设置条件：由于运营单位原因导致乘客手中车票过期。

（2）设置决策人：车站值班站长及以上人员。

（3）设置地点：所有受影响车站。

（4）设置方法：通过车站计算机设置“日期免检模式”。

（5）取消：在接到运营控制中心“停止日期免检”通知后，值班站长下令通过车站计算机取消该模式。

5. 车费免检模式

（1）设置条件：在接到行车调度员有关“列车越站”的通知时。

（2）设置决策人：车站值班站长及以上人员。

（3）设置地点：列车越站后运行的前方第一个车站。

（4）设置方法：通过车站计算机设置“车费免检模式”。

（5）取消：在接到运营控制中心“列车运行恢复”通知后，值班站长下令通过车站计算机取消该模式。

6. 紧急放行模式

（1）设置条件：车站出现危及乘客生命安全、必须及时疏散乘客出站的紧急情况。

（2）设置决策人：车站值班员及以上人员。

（3）设置地点：出现紧急情况的车站。

（4）设置方法：通过站控室自动售检票系统紧急按钮设置。若紧急按钮方式设置不成功，再通过车站计算机进行紧急模式设置。若车站计算机设置不成功，则关闭自动售检票系统配电盘闸机电源。

（5）取消：紧急情况解除，通过车站计算机取消该模式或确认紧急按钮复位。

二、自动售票机售票能力不足时的应急处置

自动售票机售票能力不足时的应急处置措施主要包括发售预制票、发售纸票。

1. 发售预制票

在车站客运组织安全有序且运力允许的条件下，如果车站站存预制票可满足发售需求，经值班站长下令，车站发售预制票。

（1）故障发生站的票务应急处置

1）车站通过调度电话通知控制中心行车调度员，由行车调度员告知线路内其他车站做好应对准备。

2）客运值班员到票务收益室，将封存预制票配发给各票务员，做好相关台账报表记录。

3）客运值班员配发好预制票后，至站厅进行宣传疏导工作。

4）票务员领取预制票，在车站票务室内依照票价表发售预制票。

5）车站工作人员做好宣传引导工作，组织乘客有序进出车站。

6）车站通过广播、提示牌、人工宣传等方式提醒乘客暂停充值业务，引导乘客购买预制单程票。

（2）故障发生影响站的票务应急处置

当其他车站被告知线路内某车站发售预制票时，值班站长应立即告知站内所有票务工作人员。如果遇到无进站标记且无购售站信息的预制票，按发售预制票车站进行相应补票作业，非当日乘坐回收原票卡，按过期票进行相应补票作业。

当部分设备恢复正常后，值班站长应根据客流情况决定停止售卖预制票，并上报控制中心调度员。

2. 发售纸票

（1）纸票发售适用情境

车站一般都使用自动售检票系统和IC票卡，但在在遭遇以下特殊情况时，将发售纸票：

1）车站无法发售IC票卡，一般是由车站所有自动售票机、半自动售票机全部故障或单一车站停电导致，此时值班站长取得行车调度员授权后进行纸票发售。

2）在客流高峰期，车站发售预制票，但预制单程票数量不足且自动售票机工作能力无法满足客流需要时，值班站长在取得行车调度员授权后根据实际情况决定发售纸票。

3）票务系统出现问题，无法满足乘客购票需求等其他情况，值班站长经行车调度员授权后进行纸票发售。

4）特殊票种或 IC 票卡无法适用的情况，如半价优惠票卡发售，需要发售纸票。

（2）纸票发售及检票

纸票由票务室配发到车站，车站在需要的时候由票务员人工进行发售。纸票检票也是人工进行，可以在进站口检票，也可以在出站口检票或者是进出站均检票。

1）正常情况下纸票检票。正常情况下发售的纸票，由票务员在边门处人工进行车票有效性检查，主要检查车票的真伪、发售日期和时间、使用区间、金额等信息。进站检票时撕下副券 1，出站时符合要求的车票撕下副券 2，乘客出站。如果发现车票存在超程等票务问题时，按照单程票存在票务问题的处理办法处理。

2）特殊情况下纸票检票。特殊情况下发售的纸票，首先由发售站值班站长向行车调度员通报出售纸票的信息。行车调度员将发售纸票车站和时间通知其他车站。其他车站接到通知后，安排员工做好纸票检票工作，引导持纸票乘客到边门检票出站。车站停止发售纸票时，值班站长需将情况上报行车调度员，行车调度员通知其他车站。

三、自动检票机通行能力不足时的应急处置

自动检票机通行能力不足时的应急处置措施主要包括边门检票和启动免检模式。

1. 边门检票

自动检票机通行能力不足时，发生站必须安排工作人员引导持票的乘客通过边门进站，同时报控制中心行车调度员，由行车调度员通知其他车站做好给乘客更新车票的准备工作。车站在恢复正常或进站闸机客流有所缓解后恢复正常运作，并上报行车调度员。

2. 启动免检模式

当出站和双向自动检票机全部故障，客流集中出站，检票设备能力严重不足，危及乘客安全时，车站可设定为出站免检模式。有关部门根据车站申请进行设置，值班站长及以上人员下令，当班行车值班员设置后报告有关部门。

四、自动售检票设备大面积故障时的应急处置

1. 自动售票机全部故障

车站全部自动售票机故障时，客运值班员应及时通知车站值班站长，同时报修设备并做记录，与站务员一起进行乘客疏导宣传工作。

值班站长应安排半自动售票机售票，半自动售票机售票能力无法满足乘客需要时，值

班站长应请示站长是否出售预制票或纸票，并按照出售预制票、纸票流程处理。

2. 半自动售票机全部故障

车站全部半自动售票机出现故障时，站务员应及时通知客运值班员，客运值班员通知值班站长。如果对售票能力造成影响，则应采取措施申请出售预制票或纸票。如果对售票影响不大，则按以下方式处理：

（1）乘客在非付费区

乘客所持车票在非付费区无法进站或需办理进站票务事务，可引导其从边门进站，并告知其将由出站车站进行处理。如果乘客需办理其他非进站票务事务，可根据实际情况进行处理。

（2）乘客在付费区

乘客在付费区，持单程票时，回收单程票并引导其从边门出站。持储值票的乘客，可根据车票情况进行处理后刷卡或从边门出站。无票乘客应补交费用后从边门出站。

3. 自动检票机全部故障

车站全部进站检票类设备发生故障，乘客无法进站时，车站值班站长应及时将情况上报行车调度员，采用人工检票、边门放行等方法安排乘客进站。行车调度员通知其他车站做好出站检票准备。故障排除后，车站值班站长应及时通知行车调度员。

接到通知的其他车站应通知站务员做好车票更新处理工作。

如果车站全部出站检票设备故障，乘客无法正常出站，值班站长将情况上报行车调度员后，通知站务员对单程票进行人工回收，安排乘客边门出站。储值票乘客也从边门出站，下次乘车再行到票务室扣除乘车费用。设备恢复正常后，车站值班站长应及时上报行车调度员。

思考与练习

1. 对车票、现金进行加封时有哪些一般要求？
2. 票务备品有哪些？
3. 自动售票机显示“无找零”有可能是什么原因导致的？
4. 售票五步骤分别是什么？
5. 自动售检票系统的降级运营模式包括哪几种？

第四章　客流与日常客流组织

学习目标

◆ 能够描述客流的基本概念，列举客流的影响因素和特点，并能结合实际分析客流的时间和空间分布规律。

◆ 能够描述客流组织原则，列举客流组织的主要工作内容，使用客流组织工具。

◆ 能够完成单个区域的日常客流组织。

客流是城市轨道交通车站重要的运营组织和服务对象，客流组织是车站客运组织的重要内容之一，也是保障车站安全、有序、高效运行的关键所在。客流在车站内的运转效率、秩序和安全性，直接体现了车站客流组织工作的整体水平。日常客流组织是车站客流组织的基础内容，目的是保证车站日常客流平稳、有序。

第一节　客　　流

了解客流基本特性，是做好客流组织工作的前提。本节主要内容包括客流的概念、影响因素、特点和时空分布规律。

一、客流的概念

客流是指在一定时间内乘客的流量、流向和旅行距离信息的总称，包含时间、地点、方向和流量四个要素。常用的客流量概念有断面客流量、高峰小时最大断面客流量、车站客流量。

1. 断面客流量

断面客流量是指在一定时间内，沿某方向通过某线路断面的乘客数量，也就是通过断面所在区间的乘客数量。因此，断面客流量可用来表征通过城市轨道交通线路各区间的客流，通常以小时或全日为单位统计。根据列车行驶方向不同，断面客流量又分为上行断面客流和下行断面客流。图 4–1 所示为某地铁线路某时段的断面客流量示意图。

2. 高峰小时最大断面客流量

高峰小时最大断面客流量是指以小时为单位计算的全日分时峰值的断面客流量。在实

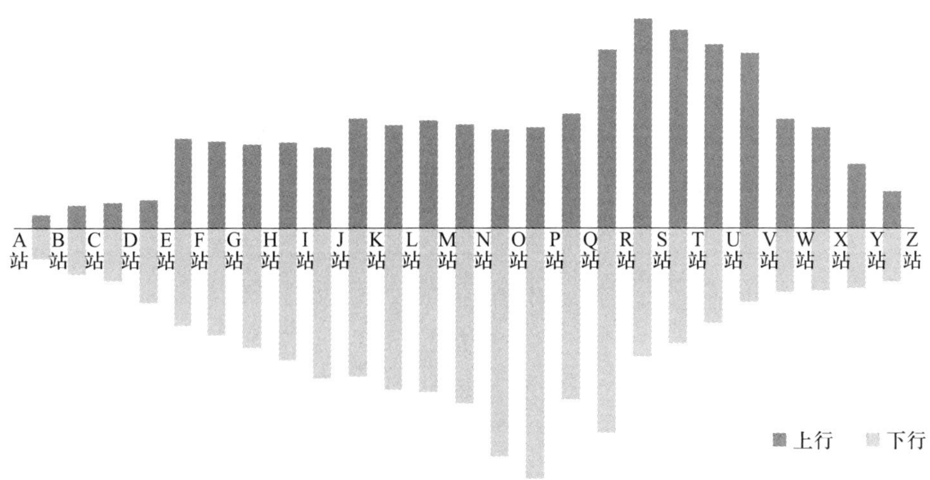

图 4-1　某地铁线路某时段的断面客流量示意图

际工作中，一般取 15 min 甚至更短的时段进行分析，从而获取最大高峰小时断面的相关客流信息，以便科学合理地安排行车计划。高峰小时最大断面客流量是确定各线路行车安排的基本依据。

3. 车站客流量

车站客流量是在车站进、出站和换乘的乘客数量。在实际工作中，还会统计高峰小时、超高峰期客流量。超高峰期是指在高峰小时内存在一个 15 ～ 20 min 的客流特别集中的时间段。车站高峰小时客流量、超高峰小时客流量是确定出入口、通道、售检票设备、扶梯、楼梯、站台等设施设备容量和通行能力的基本依据。

二、客流的影响因素

影响客流的因素很多，主要包括城市布局、沿线土地利用情况、城市人口规模及出行率、票价、服务水平、交通政策、私人交通工具拥有量等。

1. 城市布局

城市布局指的是城市整体土地利用规划布局情况。一般情况下，城市整体土地利用规划布局越均衡，城市轨道交通客流在线网上分布越均衡。如果城市在某个区域土地利用规划功能较为单一，则会在此区域车站产生规模较大的单向进站客流或出站客流。例如，某区域以居住用地为主，则其就近的车站早高峰进站客流较大、出站客流很少，晚高峰出站客流较大、进站客流很少，形成明显的潮汐客流，客流分布极不均衡。

城市布局模式比较特殊时，其客流分布也各有特色。例如，带状布局城市的客流主要集中在呈带状分布的城市轨道交通线路上，环状布局城市的客流主要集中在串联各区域的环形城市轨道交通线路上，串联状、组团状布局城市的客流主要集中在串联各组团的城市轨道交通线路上。

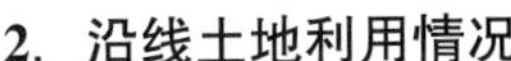

2. 沿线土地利用情况

城市轨道交通线路沿线土地利用情况对客流的影响最为直接，是线路客流的直接来源。城市轨道交通线路沿线土地利用越密集，客流产生、吸引量就越大。以用地性质来划分，居住用地、行政办公用地、商业娱乐用地的客流产生、吸引量明显高于其他用地。以中国香港为例，其绝大部分地铁站周边 10 min 步行距离内，50% 以上是居住用地和办公用地，还有一些站点所在地就是大型商业用地。因此，香港地铁站客流量一直居高不下，这也是其获得收益、成功运营的一个重要原因。

3. 城市人口规模及出行率

城市人口规模及出行率决定城市居民出行需求。一般情况下，城市人口规模越大、出行率越高，城市居民出行量就越大，相应的城市轨道交通客流量也越大。

城市人口出行率与人口年龄、职业、居住区域等有关。城市居民出行调查结果显示，中青年人群的出行率高于幼年及老年人群的出行率；上班、上学人群的出行率高于退休人群的出行率；市区人口的出行率高于郊区人口的出行率；流动人口的出行率高于常住人口的出行率；流动人口中，旅游人群的出行率高于其他人群的出行率。

4. 票价

票价是影响客流的重要因素。城市轨道交通具备公益性质，是基础交通设施，客流来源主要面向城市中、低收入人群，他们对票价的变动比较敏感。当票价维持在较低水平或下降时，城市轨道交通客流增长明显；当票价过高且有替代出行方式时，客流会被短时压制或流失。例如，北京在 2014 年年底实施新的地铁票价后，地铁客流在短期内下降明显。

知识窗

北京地铁调整票价致客流降一成

2014 年 12 月 28 日起，北京地铁调整票价。根据官方统计，北京市地铁运营有限公司所辖 15 条运营线路 2015 年 1 月 5 日周一客运量为 766.01 万人次，与地铁调价前的最后一个周一 852.25 万人次相比，减少 10.1%。北京京港地铁有限公司所辖线路 2015 年 1 月 5 日客流量合计 144.6 万人次，与地铁调价前的最后一个周一 155.9 万人次相比，下降 7.2%。尤其以往早晚高峰拥挤不堪的 1 号线，2015 年 1 月 5 日客流量只有约 100 万人次，与地铁调价前的最后一个周一相比，降低约 20%。

5. 服务水平

在收入水平提高、可选出行方式增多时，服务水平是居民选择出行方式考虑的主要因素。对城市轨道交通而言，服务水平的评价指标有发车频次、运送速度、正点率、换乘次数、舒适性、安全性等。服务水平与城市轨道交通线网规模、运营管理水平有很大关系。

6. 交通政策

政府的交通运输政策从宏观层面确定了城市交通发展的定位和方向。目前，我国各大城市交通发展采用以公共交通为主、私人交通为辅的交通政策，优先发展公共交通，大力发展轨道交通，控制小汽车、摩托车等发展。这些政策对引导居民选择公共交通出行有促进作用。

7. 私人交通工具拥有量

在不加限制、经济能力可承担的情况下，人们倾向于选择私人交通工具出行，因为更加快捷、舒适。一些西方国家的大城市曾对私人小汽车的发展不加控制，导致了严重的交通拥堵和环境污染问题。我国吸取西方国家的经验教训，致力于提升整个公共交通系统尤其是城市轨道交通的服务水平，吸引私人交通工具拥有者尽可能多地乘坐公共交通工具。

三、客流的特点

城市轨道交通客流的特点是指客流整体表现出来的特性，主要由乘客行为特点（即乘客出行心理）和出行习惯决定，下面从客流特点和换乘客流特点两个层面进行阐述。

1. 客流特点

（1）高集中性

城市轨道交通车站是一个封闭的建筑空间，所有进出站客流及换乘客流均在此聚集，客流呈现出较高的集中性，具有一定安全隐患。

（2）多方向和多路径性

城市轨道交通车站进站客流来源方向、乘车方向和出站客流出行方向不一致，换乘车站内的换乘客流也有多种换乘路线。因此，车站内各种客流流线来去方向不同、路径较多，形成相互交织、对流的状态，对秩序造成一定影响。运营单位应合理规划设置导乘设施，引导客流有序流动。

（3）主导性

在城市轨道交通车站内的多种客流流线中，必有占据主导地位的客流流线。例如，2008 年对北京 16 座换乘地铁站进行的抽样调查显示，换乘客流量与进出站客流量比值为 4∶1，即换乘客流是主导客流。在对车站进行客流组织时，应重点关注主导客流，合理利用车站资源，对主导客流进行充分疏散及引导。

（4）客流方向不均衡性

城市布局不均衡会导致同一时间段、同一车站进出站客流量或同一线路的上、下行客流量存在较大差异。这种方向的不均衡会直接影响车站设备设施的利用率。因此，应尽量采用双向客流组织形式，这种形式比单向客流组织更有利于均衡通道的利用率，对客流的调节能力更强。

（5）时间不均衡性

城市轨道交通车站客流在时间分布上呈现不均衡性，主要表现在同一车站内客流分布会随时间变化而变化，形成明显的高峰期和低峰期。在客流组织工作中，针对不同时间表现出来的客流特性，应采取不同的客流组织方案。

（6）短时冲击性

城市轨道交通车站内，随列车进站的客流到达规律呈脉冲式分布态势，并非连续且均衡的。这种脉冲式客流在短时间内会对车站设备设施造成冲击，易在扶梯口、换乘通道、闸机口等处形成拥堵及排队客流。如果处理不当，会引发秩序混乱，并带来一定安全隐患。

2. 换乘客流特点

了解换乘乘客的行为特点，有助于对城市轨道交通车站换乘空间进行人性化设计，并合理有效地组织换乘客流。换乘行为特征包括乘客的换乘心理需求和换乘行为特征。

（1）换乘心理需求

1）方便性。乘客对换乘时间有一定的心理要求，换乘时间过长会产生焦虑心理。根据研究，60 m长度的换乘通道是比较适宜的，但目前国内车站换乘通道普遍较长，有的甚至长达几百米。

2）顺畅性。换乘流线应顺畅，减少不必要的绕行；换乘设施摆放位置和方向应与流线一致，减少客流交织和冲突。

3）舒适性。换乘车站设备设施通行能力应适应客流需求，如果换乘路径拥挤，会降低换乘舒适度。另外，在换乘路径上设置自动扶梯或自动步道，会提升换乘的舒适性。

（2）换乘行为特征

1）简单化。换乘路径越简单越好，应尽量保证换乘空间布局紧凑，方向指引清晰，便于乘客顺利换乘。

2）就近性。换乘路径越短越好，乘客习惯选择最短路径换乘。

3）快走性。换乘乘客普遍有快速步行的行为特征。

四、客流时空分布规律

城市轨道交通的客流分布因时因地动态变化，呈现出规律性。掌握客流分布规律，有助于科学合理地进行线网规划、编制运输计划和配备资源，对做好日常行车组织和客流组织工作也具有重要意义。

客流分析的对象可以是预测客流，也可以是实际客流。客流分析的重点是客流在时间和空间上的分布特征、变化规律。

1. 客流的时间分布特征分析

客流的时间分布特征一般包括一日内小时客流分布特征、一周内全日客流分布特征、季节性或短期性客流分布特征，以及车站高峰小时、超高峰期客流分布特征。

（1）一日内小时客流分布特征

城市轨道交通线网一日内小时客流分布通常呈现“双峰型”特征，即夜间少，早晨渐增，上班和上学时达到高峰，午间稍减，傍晚因下班和放学又达到高峰，此后逐渐减少，午夜最少。图 4–2 所示为某地铁线路某日小时客流分布。

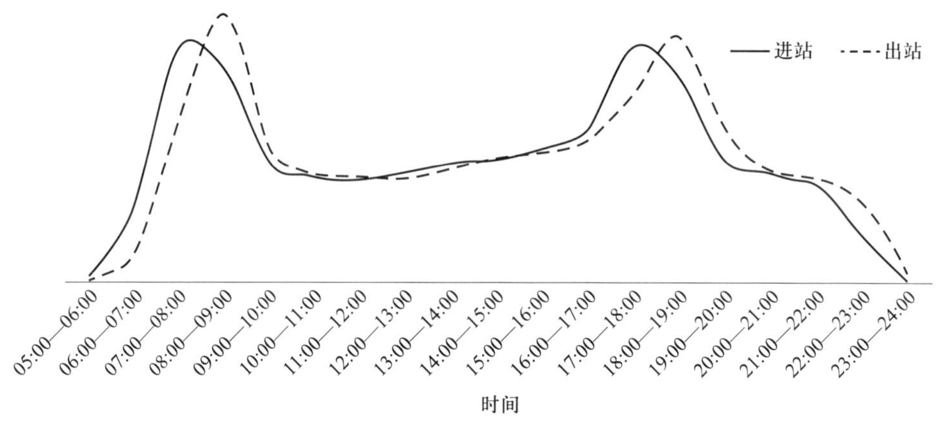

图 4–2　某地铁线路某日小时客流分布

一日内小时客流分布可用于编制或调整列车开行方案。例如，客流高峰时段一般会提高列车开行密度（缩短发车间隔时间），客流平峰、低峰时段一般会降低列车开行密度（延长发车间隔时间）。

（2）一周内全日客流分布特征

以周为周期的社会生产活动规律反映到城市轨道交通客流上，表现为一周内全日客流分布特征。在以通勤客流为主的线路上，双休日的客流会有所减少；在连接购物中心、旅游景点的线路上，双休日的客流会有所增加。与工作日相比，双休日早高峰出现时间推迟，晚高峰的出现时间提前，高峰值可能会降低。图 4–3 所示为 2020 年 9 月某城市的轨道交通日客流分布情况，该城市的轨道交通全日客流的高峰为每周五（9 月 4 日、9 月 11 日、9 月 18 日、9 月 25 日）。

城市轨道交通运营单位会在工作日、双休日执行不同的列车运行图，以适应客流在一周内分布的不均衡和有规律的变化。

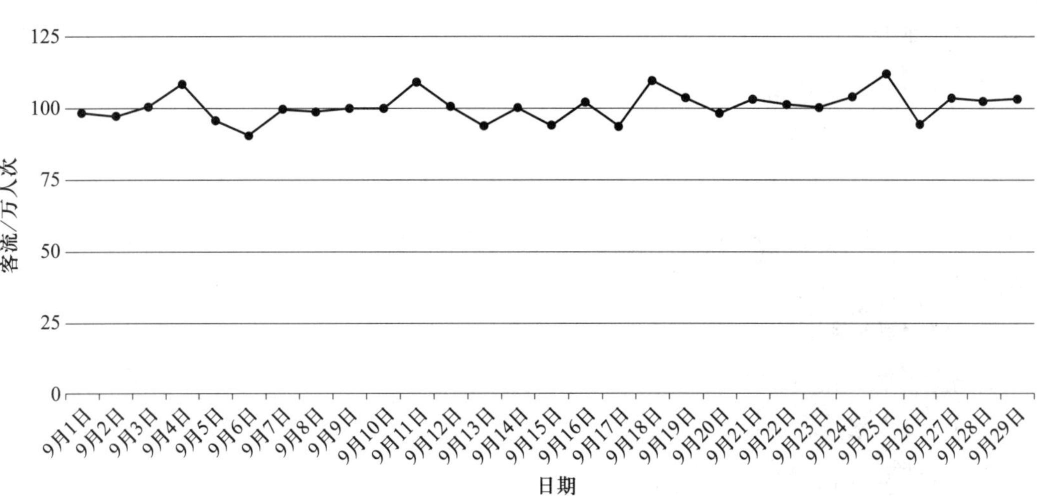

图 4–3　某城市的轨道交通日客流分布（2020 年 9 月）

（3）季节性或短期性客流分布特征

在某些城市，轨道交通客流还呈季节性变化。例如，寒冷的冬季、梅雨季节、6 月高考期间、旅游旺季等都会使轨道交通客流发生变化。短期性客流激增通常发生在举办重大型活动或遇到天气骤然变化的时候。针对季节性的客流变化，运营单位可执行专门的列车运行图。当客流在短期内增加幅度较大时，运营单位需要增加运能（例如加开备用车），并采取有效的客流控制措施。

（4）车站高峰小时、超高峰期客流分布特征

车站高峰小时客流分布特征分析应确定进出站客流高峰小时的出现时间、客流量大小和发展趋势。车站客流的进出站高峰小时出现时间与断面客流的高峰小时出现时间通常不相同。各个车站客流的进出站高峰小时出现时间通常不相同。同一车站客流的进出站高峰小时出现时间通常不相同。同一车站工作日客流与双休日客流的进出站高峰小时出现时间通常不相同。

为了避免超高峰期内特别集中的客流影响乘客顺畅地进出车站，甚至影响列车的正常运行秩序，在确定车站设备容量或能力时，有必要适当考虑车站客流在高峰小时内分布的不均衡性。车站超高峰期的客流强度可用超高峰系数来反映，它是单位时间内的超高峰期平均客流量与高峰小时平均客流量的比值。超高峰系数一般为 1.1 ~ 1.4。对终点站、换乘站和客流较大的中间站通常取高限值，而其余车站则可取低限值。

2．客流的空间分布特征分析

客流的空间分布特征一般包括各条线路客流分布特征、上下行方向客流分布特征、线路断面客流分布特征、各车站乘降客流分布特征和车站内客流分布特征。

（1）各条线路客流分布特征

各条线路客流分布不均衡是由沿线土地利用状况不同决定的，同时也受到线网现状和

其他接驳交通方式的影响。

（2）上下行方向客流分布特征

城市轨道交通线路上下行方向的高峰小时最大断面客流量通常是不同的。在放射状的线路上，早、晚高峰时段上下行客流分布不均衡尤为明显。上下行方向客流不均衡时，很难避免客流较小方向的运能闲置；但在环形线路上可采取内外环线路安排不同运力的措施，避免运能浪费。

（3）线路断面客流分布特征

线路上各区间的断面客流通常不同，有的还相差悬殊（见图 4–1）。线路断面客流分布通常表现为阶梯形（一头大、一头小）和凸字形（中间大、两头小）两种情况。运营单位发现断面客流不均衡时，可考虑采用特殊交路的列车开行方案，如在大客流区段加开短交路列车。

（4）各车站乘降客流分布特征

线路上各车站的乘降客流通常也不均衡。在不少线路上，全线乘降大部分集中在少数几个车站上。此外，车站乘降客流是动态变化的，新的居住区形成规模、新线路建成通车、既有线路延伸等，都会使一些车站乘降量发生较大的变化。车站乘降客流分布不均衡决定了各个车站的客运工作量不同、设备容量或能力的配置不同。图 4–4 所示为某地铁线路工作日晚高峰各车站日均进站客流量排名。

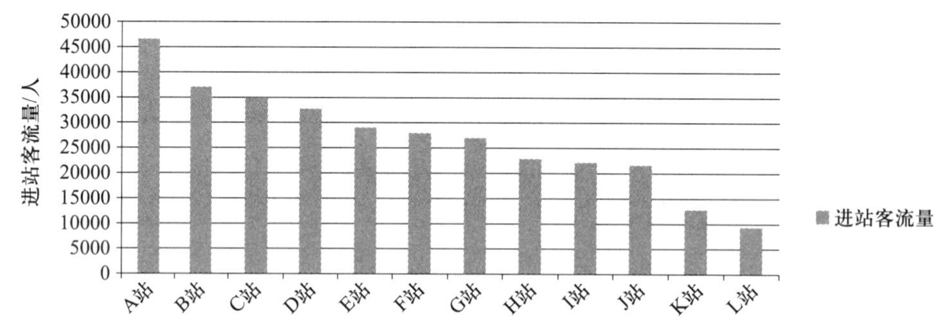

图 4–4　某地铁线路工作日晚高峰各车站日均进站客流量排名

（5）车站内客流分布特征

通过分析车站内乘客走行路径，可发现车站内客流在空间分布上也存在不均衡现象，包括经由不同出入口的客流不均衡、通过不同收费区的客流不均衡、通过同一收费区不同检票机的客流不均衡和上下行方向的乘降客流不均衡等。车站内客流分布不均衡是车站客流组织工作的决定因素，良好的客流组织工作也可以减少这种不均衡。

第二节 客流组织概述

城市轨道交通客流组织是指通过合理布置有关设备设施，对客流采取分流、引导、限制、疏散等措施来组织客流运送的过程。本节主要内容包括客流组织原则、客流组织工具、客流组织内容。

一、客流组织原则

城市轨道交通客流组织的核心是保证乘客安全，维持客流运送过程有序、平稳，避免车站发生拥挤。客流组织原则如下：

1. 坚持高度集中、统一指挥、逐级负责的原则。运营控制中心负责全线客流组织工作，站长和值班站长负责车站的客流组织工作。

2. 充分利用车站设备设施，对车站进行客流组织，如合理布局自动售检票设备和控制扶梯开行方向、完善车站内外导乘设施设置、有效利用客流组织工具对客流进行引导等。

3. 合理规划客流流线，尽量减少客流交叉、对流；快速疏散客流，减少客流聚集和拥挤。

4. 满足换乘客流方便、顺畅、舒适的基本要求。对出站想换乘其他交通工具的乘客，要给予清晰指引；对在车站内部不同线路之间换乘的乘客，要尽可能提供适宜的换乘距离、简洁明了的换乘路径、舒适的换乘环境。

二、客流组织工具

客流组织工具指在进行客流组织时，用以引导规范客流走向、调节客流速度、维持客流秩序的工具，主要包括导乘设施、铁马、伸缩带、告示牌、扩音器、提示牌。

1. 导乘设施

导乘设施是客流组织日常且重要的工具。如果没有导乘设施，乘客在车站内基本不知如何行进。导乘设施主要包括导向标志（见图 4–5）、广播系统、乘客信息系统（详见本书第二章第二节）。在客流组织中，导乘设施的主要作用是引导乘客安全、顺畅、快速地完成出行；紧急疏散时，导乘设施可以清晰地引导乘客顺利离开危险区。

2. 铁马

铁马是客流组织的常用工具之一，为车站的非固定设施，外形如图 4–6 所示。车站用的铁马多为不锈钢材质，整体呈长方形，一般高 1.2 m、长 1 m、底座长 0.4 m，共有四个支脚固定支撑。铁马的特点是质量较重、稳定性好、分隔效果好；但占用面积较大，使用不灵活，一旦发生倒塌，有一定安全隐患。在客流组织中，铁马通常放置在出入口、站厅层、站台层、扶梯口等处，可以按要求摆放成任意形状，作用是引导客流走向、规范客流秩序、调节客流速度、控制客流数量。

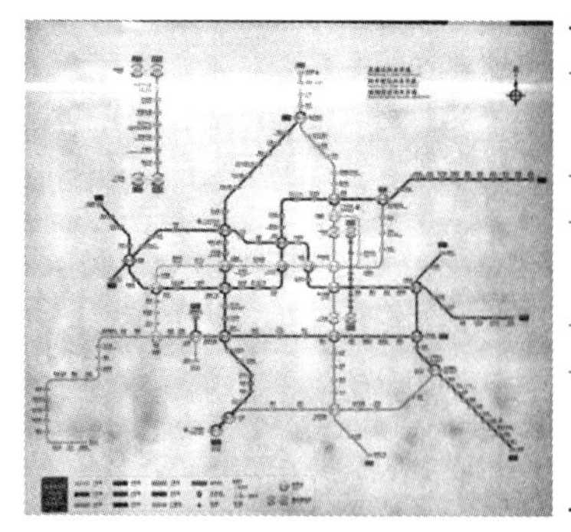

自动售票标志	站名标志
自动售票 Tickets	莲花北 Lian Hua Bei
客服中心标志	电梯标志
客服中心 Customer Service Centre	电梯 Lift
无障碍设施标志	出口标志
	出 EXIT A 街道名称 Street name

图 4–5　某地铁站的导向标志

图 4–6　铁马

3. 伸缩带

伸缩带也是客流组织的常用工具之一，为车站的非固定设施，外形如图 4–7 所示。伸缩带是可以伸缩的隔离拉带，由一个稳固的立柱搭配一条可以伸缩的带子，与其他伸缩带相互连接，可以摆放成任意形状。伸缩带高 0.9 ~ 1 m，带长 1 ~ 5 m，圆形底盘直径约 0.3 m。在客流组织中，伸缩带的作用与铁马相同，但特点不同。伸缩带的特点是轻便、小巧、使用灵活，可以随时打开隔离缺口，但分隔性及稳定性稍逊于铁马。因此，伸缩带适合放置在空间较有限、客流冲击性较小或是需要间歇性分批放行乘客的车站区域。

4. 告示牌

告示牌是客流组织的辅助工具之一，如图 4–8 所示。告示牌是指通过规范的版式、相对固定的内容告知乘客相关城市轨道交通运营信息的纸质媒介。告示牌版式比较多样，有立

图 4–7 伸缩带

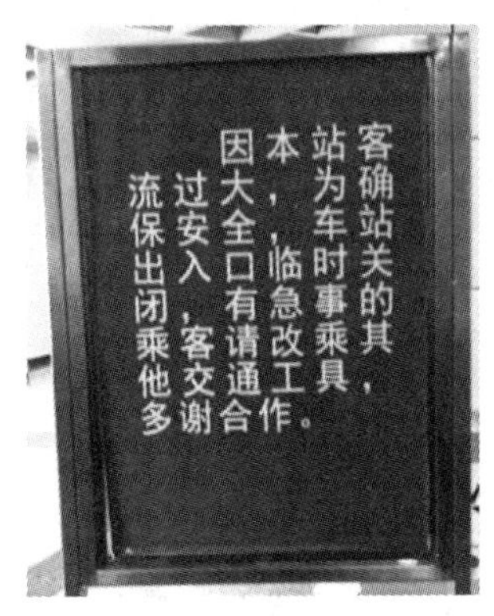

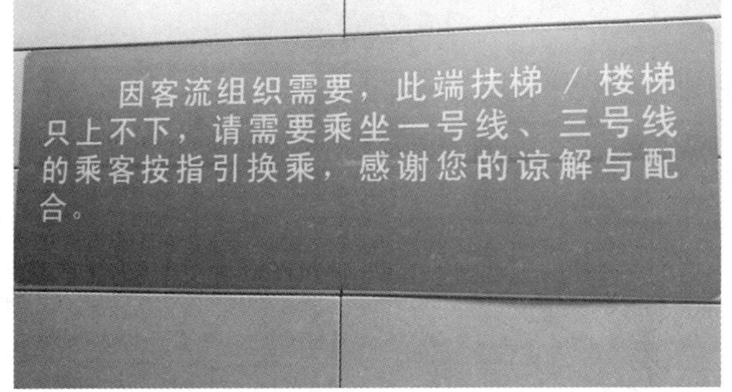

图 4–8 告示牌

柱式、立牌式、墙面式、悬挂式（见图 4–9）等。在客流组织中，告示牌一般配合具体的客流组织措施放置，主要目的是向乘客告知、解释客流组织措施的原因和目的等，以获得乘客的理解和配合。各车站的客流组织告示牌必须按运营单位下发的初始模板和要求进行制作，内容发布应统一、规范。

图 4–9 悬挂式告示牌

5. 扩音器

扩音器是客流组织的辅助工具之一，如图 4–10 所示。扩音器可以将声音放大，让声音传播得更远。车站用扩音器多为便携式无线扩音器，外形小巧、操作简单，工作人员可以随身携带，使用非常方便。在客流组织中，扩音器的主要作用是用声音提醒乘客，维持客流秩序，或是向乘客告知、解释客流组织措施的原因等。

图 4-10 扩音器

6. 提示牌

提示牌是客流组织的辅助工具之一，如图 4-11 所示。提示牌是向乘客提示所立牌位场所的状况，指导乘客采取合理行为的标志。在客流组织中，提示牌能够提醒乘客预防危险，或者告知乘客车站当前阶段服务设施设备状态，指引乘客合理规避、正确使用。提示牌设置位置、数量要合理，不得遗漏或随意放置。

图 4-11 提示牌

三、客流组织内容

影响车站客流组织的因素较多，不同类型车站的客流组织内容有较大区别。中小型车站的客流组织比较简单，而大型车站、换乘车站因为客流规模较大、客流流动方向比较复杂，客流组织也比较复杂。通常情况下，城市轨道交通车站客流组织的主要内容包括固定设施设备布局、非固定设施设备设置和使用、工作人员配备，以及应急措施制定、演练与实施。

1. 固定设施设备布局

车站为乘客提供客流组织服务的固定设施设备主要有导乘设施（固定类）、安检设备、售票设备、检票设备、楼梯、自动扶梯、通道等。对于已经建成的车站，导乘设施（固定类）、检票设备、楼梯、自动扶梯、通道基本布局已定，可变性较小。对于可调整优化的设施设备，客流组织可根据车站客流规模及特点，依据相关城市轨道交通车站设计规范，进行合理规划布局。

（1）合理设置各类导乘设施（固定类）

车站内长期固定在某处的导乘设施较多，包括导向标志、广播系统、乘客信息系统等。合理设置这些导乘设施，有助于快速疏散进出站、换乘客流，维持车站客流基本秩序。

（2）合理布局安检设备位置

要在保证车站安全检查的前提下，确保安检机前有足够空间供乘客排队安检。

（3）合理布局售票设备位置、优化配置售票设备台数

售票设备和检票设备应相对集中布置，减少客流分流、交叉产生的流线冲突，同时要为售票设备前预留足够空间供乘客排队买票。售票设备数量配置要满足车站客流高峰时的基本需求。

（4）合理设置自动扶梯开行方向

自动扶梯连接楼层及开口位置无法变动，但可以更改其开行方向，以调节各个平面层的客流流动，达到客流组织的目的。

导乘设施（固定类）、安检设备及售票设备的设置通常在新建车站运营筹备阶段完成，在试运营过程中，会根据实际客流变化情况进行优化调整；在车站运营比较成熟的阶段，一般不会再对这三种设施设备布局及配置进行改动。更改自动扶梯开行方向在客流组织中运用比较频繁，是重要的客流调节手段之一。

2. 非固定设施设备设置和使用

车站为乘客提供客流组织服务的非固定设施设备主要是客流组织工具，即导乘设施（非固定类）、铁马、伸缩带、告示牌、提示牌、扩音器等。

（1）定期补充导乘设施（非固定类），完善客流指引设计

导乘设施（非固定类）多为导向标志（见图 4–12），车站运营期间，工作人员根据客流组织需要，每隔一段时间，便会以贴纸、立柱的方式，在车站新增一些指引性标志。如果所贴指引标志不再适应现行客流组织需求，便会进行更换。

图 4–12 导向标志

（2）合理利用铁马、伸缩带引导客流走向

铁马及伸缩带的摆放分为长期摆放和临时摆放两种。长期摆放多用于日常客流组织，一般情况下不会撤除。临时摆放多用于大客流组织。在大客流发生前，运营单位应提前安排工作人员按预定方案摆放好铁马及伸缩带；待大客流结束后，再安排工作人员将铁马和伸缩带撤回存放在指定位置（见图 4–13），以备下次继续使用。

图 4–13　某地铁站存放的铁马

（3）配合客流组织措施，合理设置告示牌等，给予乘客细致指引和提示

因为告示牌、提示牌需要配合具体的客流组织措施所用，因此也是临时摆放。待客流组织措施结束后，随其他工具一起收回，下次可继续使用（见图 4–14）。

图 4–14　某地铁站存放的告示牌

（4）灵活使用扩音器，在必要区域、节点用声音给予乘客引导和提醒

扩音器一般由工作人员随身携带使用，但一些车站也会将提前录好内容的扩音器固定在乘客途经的某个区域，循环反复播放，达到提醒乘客的目的。

3. 工作人员配备

工作人员是车站客流组织工作的核心。执行再好的客流组织措施，如果没有工作人员

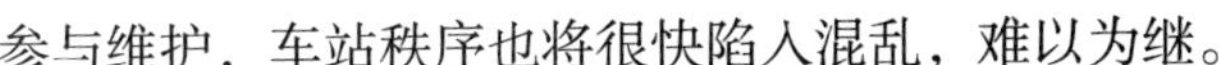

参与维护，车站秩序也将很快陷入混乱，难以为继。

工作人员配备要适度。工作人员过少，会引发车站秩序混乱，影响客流组织措施发挥其最大作用；工作人员过多，会增加车站运营成本，造成不必要的浪费。

当车站客流在正常水平时，工作人员保持常规配置即可。当车站即将发生大客流时，必须提前在大客流组织方案图上安排好人员配置，并在进行大客流组织时，督促所有人员签到确认，在方案图所示位置上岗就位。

4. 应急措施制定、演练与实施

城市轨道交通车站处在一个复杂的系统环境中，每天要面临很多不可预知的突发事件。为了能充分应对突发事件带来的未知影响和危害，保障乘客的生命财产安全，应针对各种类型突发事件制定相应应急预案，并定期进行突发事件客流组织演练，以便在真正发生突发事件时，能妥善对乘客进行指引和疏导。

第三节　日常客流组织

日常客流组织是城市轨道交通车站客流组织的基础性常规工作。本节主要内容包括日常客流概念、日常客流组织原则、单个区域日常客流组织方法。

一、日常客流概念

日常客流是指在车站某一时间段内候车、停留的客流量未超过车站正常客运设施和客运组织措施所能承担的流量，且车站空间尚有一定富余，客流量也没有增加趋势的一种客流情况。

因此，日常客流概念是依据客流规模而定义，“日常”两字并非特指每天都会发生的客流状态，其含义与常态化大客流中的“常态化”不同。

二、日常客流组织原则

日常客流规模不大，在车站内不会形成安全隐患，且客流在车站内的行进空间较为宽松，不会给车站设备设施承受能力带来压力。因此，日常客流组织多以维持乘客正常进出站和换乘秩序为主。但由于客流具有短时冲击性、多方向性和多路径性的特点，即便日常客流规模不大，也会对部分设备设施造成冲击，会在车站局部区域形成较多冲突、交织点，导致秩序混乱。日常客流组织应遵循如下原则：

1. 合理布局并引导乘客正确使用车站设备设施，完成正常的进站、出站及换乘出行。

2. 采用适当的组织方式化解瞬时客流对车站设备设施产生的冲击。

3. 根据车站布局结构和客流流线走行路径，分析出较易引起客流秩序混乱的区域，给予适当的组织和引导。

三、单个区域日常客流组织方法

车站容易产生局部较大客流的区域主要有出入口、售票区域、检票区域、站台等。这些区域容易形成冲突和交织点，导致秩序混乱。

1. 出入口客流组织

（1）车站出入口的客流组织应结合实际的客流状况，当车站设施能够满足客流需求时，采用正常的组织方法，即各出入口全部开放，乘客进出站可双向使用；必要时可在出入口处或楼梯上设置分流设施，保证进出站客流不相互干扰，不发生客流冲突。

（2）对于经过通道与站厅连接的出入口，当客流较大时，可在通道内进行排队组织；当客流过大时，需在出入口外进行限流组织。

（3）对于与商场或其他单位连接的出入口，应考虑客流组成和出行特征，当客流较大时，应按照与相关单位共同制定的措施进行客流组织。

2. 售票区域客流组织

（1）自动售检票系统启用后，乘客可选用半自动售票机或自动售票机购票，在半自动售票机前应组织乘客有序排队购票、充值。

（2）车站可利用导流带等设施进行排队组织，排队方向应以不影响其他乘客通行为宜。当排队乘客较多时，可宣传疏导乘客到自动售票机处购票。必要时，可使用空闲的半自动售票机预制车票，提高售票速度，减少排队长度。

（3）在自动售票机前组织乘客购票时，要尽可能充分利用自动售票机，分散购票，避免乘客大量集中于少量售票机处。当需要排队时，可利用站厅内客流较少的空间进行组织。

（4）单程票售票量较大的车站，可在低峰时段预处理车票，高峰时可直接售票，减少发售车票的时间。

3. 检票区域客流组织

（1）自动售检票系统启用后，乘客进出车站时均需检票。在进行检票组织时，应遵循出站优于进站的原则。

（2）进站组织时，应组织乘客由进站闸机进站，提示乘客注意查看进站闸机上显示可通行符号（绿色箭头）时方可使用。

（3）乘客刷卡进站时，应指导乘客右手持票，站在闸机通道外，顺序刷卡进站。

（4）对于无票乘客，引导其至自动售票机或半自动售票机购票，再检票进站。

（5）当大量乘客集中进站时，要组织乘客排队进入，避免在闸机前出现争抢现象，以及乘客因操作不正确或车票有问题无法通过而造成的拥堵现象。

（6）在乘客排队进站时，队伍不能阻挡出站通道和路径，以确保出站乘客能够顺利出站。

（7）出站组织时，应组织乘客由出站闸机出站。

（8）对于持有大件行李或行动不便的乘客，引导其由宽通道闸机通过。

（9）对于携带儿童的乘客，提示其确保儿童先于成人进入闸机通道。

（10）闸机分为进站闸机、出站闸机和双向闸机。进站闸机和出站闸机按照设定方向使用。双向闸机可根据客流状况进行调整，调整时必须保证优先满足出站客流需求，同时尽量减少进出站客流的交叉，提高通行能力。

4. 站台客流组织

（1）当乘客到达站台后，应告知并组织乘客根据车门标志线的位置排队等候。

（2）对于没有屏蔽门的车站，应告知乘客“请站在黄色安全线以内候车，不要探身瞭望，以免发生危险”。

（3）当列车进站时，应关注乘客安全。有屏蔽门的车站，要防止乘客倚靠或手扶屏蔽门，避免屏蔽门开启时乘客被夹伤或摔倒；没有屏蔽门的车站，要确保乘客均站在黄色安全线以内，特别要注意站台车尾位置，避免有乘客跳下或跌下站台，发生危险。

（4）列车门开启后，应组织乘客先下后上，请候车乘客站在车门两侧，待下车乘客下车后，再上车，避免乘客拥堵，提高乘降效率。

（5）当关门提示铃响后，应阻止乘客抢上抢下，请其等待下一趟列车，防止车门夹伤乘客和影响列车正点发车。

（6）当车门关闭后，要观察车门关闭状况。当发现车门或屏蔽门未正常关闭时，若由于乘客或物品被车门夹住，应劝导乘客等候下一趟列车或征求乘客同意后帮其完全进入车厢；若为设备原因，应按相关作业办理程序进行处置。

（7）如果楼梯边缘距站台边缘较近，应尽量疏导乘客不要在此处滞留，保证足够的通行空间，防止拥挤和发生意外。

（8）加强对站台四角的巡视，防止乘客进入区间。

（9）乘客物品掉入轨行区时，要阻止乘客跳下站台拾拣物品，应及时使用工具帮助乘客拾拣物品。

思考与练习

1. 客流组织的工具主要有哪些？
2. 伸缩带与铁马相比，其优点、缺点分别是什么？
3. 客流组织的主要内容有哪些？
4. 日常客流组织应遵循哪些原则？
5. 站台日常客流组织应注意什么？

第五章　大客流组织

学习目标

◆ 能够描述大客流产生规律、大客流分类和大客流组织应对策略。

◆ 能够利用大客流组织影响因素分析车站大客流组织工作的重点。

◆ 能够描述单站级客流控制、单线级客流联控、线网级客流联控的定义、应对策略及组织方法。

随着轨道交通客流日益增长，大客流已逐渐成为很多城市轨道交通车站的常态化客流形式。大客流具有高度聚集性，在封闭、狭小的车站里极易形成严重安全隐患。因此，大客流组织一直是城市轨道交通车站客流组织工作的重中之重，也是保障客流组织工作安全、有序、高效的关键。

做好大客流组织工作，必须掌握大客流产生的规律，了解各类大客流组织应对策略，掌握大客流组织影响因素分析方法，掌握和应用单站级客流控制、单线级客流联控、线网级客流联控应对策略及组织方法。

第一节　大客流概述

了解大客流基本特性，是掌握大客流变化规律、做好大客流组织工作的前提，包括大客流定义、产生规律、分类、组织原则，以及较大客流、超大客流的判断标准和应对策略等。

一、大客流的定义和分类

掌握大客流定义和产生规律，能有效分析城市轨道交通车站大客流发生的时间、空间分布情况，为提前对大客流组织工作进行计划和布控做好准备。

1. 大客流的定义

大客流是指在车站某一时间内候车、停留的客流量超过车站正常客运设施或客运组织措施所能承担的流量，并有继续增加趋势的一种客流情况。大客流的产生除了和客流数量有关，也和车站设计通行能力有关。图 5-1 所示为某地铁站早高峰大客流状况。

图 5–1 某地铁站早高峰大客流情况

知识窗

车站通行能力相关概念

车站设计通行能力指的是在一定的设施设备条件下，车站单位时间内允许通过的最大进出站乘客人次数量。

车站实际通行能力指的是在车站整体设备较为稳定的情况下，单位时间内通过的实际进出站乘客人次数量。

当车站实际通行能力接近或大于车站设计通行能力时，拥挤便产生了，此时的车站实际客流情况可称之为大客流。

2. 大客流分类

根据产生原因不同，大客流可分为可预见性大客流和不可预见性大客流两大类。

（1）可预见性大客流

可预见性大客流是指可以提前预知或部分预知的大客流，一般包括高峰时段大客流、节假日大客流、大型活动大客流、恶劣天气大客流四种。可预见性大客流又称为常态化大客流。

1）高峰时段大客流。高峰时段大客流是指早晚上下班、上下学时段引发的车站大客流，在一天中呈现明显的双峰态势分布（见图 5–2），图中纵坐标表示该时段客流占全日客流总量的比例，其持续时间及客流规模因不同地区有所区别。一般情况下，人口规模越大、经济越发达、车站周边土地利用越密集的地区，高峰时段大客流越明显、持续时间越长、越呈现出常态化的发展趋势。

2）节假日大客流。节假日大客流主要指在国家法定节假日期间或前后，因居民出行等形成的大客流。在节假日期间，返乡、休闲购物、旅游等出行需求大幅增加，车站面临较大的客流压力，尤其是在节假日前的晚高峰及节假日后的早高峰，车站客流容易形成一年中的峰值。很多城市的日均最高客流量是在节假日前一天或后一天产生的。

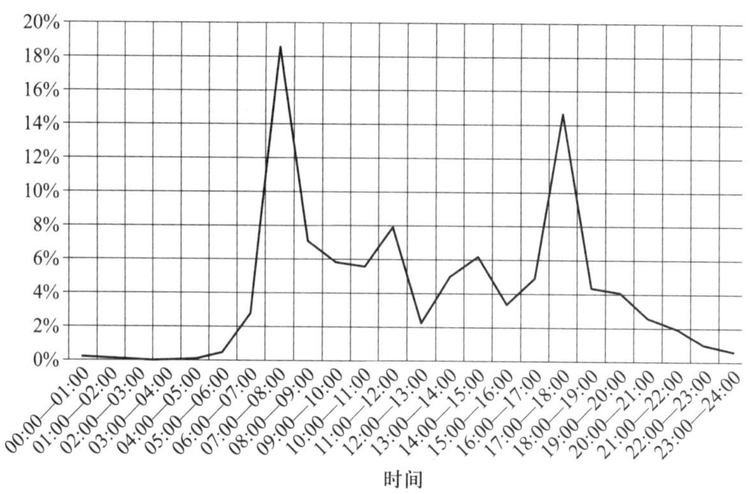

图 5-2　某地铁站一日内客流呈双峰态势分布

值得注意的是，春节期间，部分一线城市的轨道交通车站客流量在全年客流量分布中反而处于低峰水平。这是因为春节期间很多居民已经返乡或外出过年，学生放假，因此出行量少，车站客流压力也较小。

3）大型活动大客流。此类客流一般产生在周边有体育场、展览馆、大型活动中心的车站。车站周边如果遇上举办大型活动，在短时间内会有大批乘客进、出车站，车站客流迅速上升，瞬时冲击压力很大，但大部分情况是单向压力。例如，大型活动开始前，车站出站方向客流压力较大；大型活动结束后，车站进站方向客流压力较大。大型活动举办前，举办方会提前进行备案和公告，因此产生大客流的时间、规模等是可以提前预见的，且只对该活动地点附近的车站有较大影响。图 5-3 所示为 2019 年上海进博会开幕当天周边地铁站大客流情况。

图 5-3　2019 年上海进博会开幕当天周边地铁站大客流情况

4）恶劣天气大客流。恶劣天气大客流主要指由于大雨、大雪等恶劣天气对地面交通造成影响，较多的乘客改乘轨道交通出行，或进入轨道交通车站躲避雨雪等，造成车站客流急剧增加的情况。一般情况下，恶劣天气发生时间可通过天气预报或气象部门提前获取。图 5-4 所示为某地铁站下雨天产生的大客流及避雨客流。

图 5-4　某地铁站下雨天产生的大客流及避雨客流

（2）不可预见性大客流

不可预见性大客流主要包括天气突变引起的大客流和突发事件引起的大客流。不可预见性大客流又称为突发性大客流。

1）天气突变引起的大客流。天气骤然变化，突然下雨、下雪，很多乘客会进入车站躲避，导致车站客流短时间大幅增加，形成大客流。

2）突发事件引起的大客流。城市轨道交通列车运营时，突然发生技术设备故障，如列车延误、车站停电，或信号设备故障、列车故障，导致列车无法正常运营，车站通行能力下降，客流短时间内迅速增加，或突发某种不可预知事件，导致乘客大量进出车站，形成大客流。

不可预见性大客流没有任何规律可言，其发生规模、发生时间及持续时间无法预估。对此，车站工作人员应充分掌握、定期演练各类突发性大客流的组织方式、方法，一旦发生突发事件时，必须迅速报告、灵活处置，并启动相关应急预案，做好大客流组织工作。

二、大客流的分级

依据客流规模大小不同，可将大客流分为较大客流和超大客流两个级别。不同规模大客流的表现形式、产生影响和后果不尽相同，应对措施也不相同。

1. 较大客流

较大客流判定标准为：各车站根据本站的正常乘客数量进行比较，站台聚集人数达到站台有效区域的 70% ~ 80%，并有持续不断上升的趋势。这种情况下，乘客的正常出行和城市轨道交通所提供的服务水平受到一定程度的影响，车站比较拥挤，乘客感觉比较压抑，但乘客进、出站流动速度尚有提升空间，且未对乘客人身安全和城市轨道交通运营安全造成影响。

2. 超大客流

超大客流判定标准为：各车站根据本站的正常乘客数量进行比较，站台聚集人数达到或大于站台有效区域的 80%，并且持续时间大于实际行车间隔。这种情况会对乘客和城市轨道交通运营造成明显影响，表现为车站极度拥挤，引发乘客身体的不舒适感，乘客流动速度缓慢，极易发生推挤、踩踏，存在明显的安全隐患。图 5-5 所示为某地铁站站台层超大客流情况。

图 5-5　某地铁站站台层人满为患（超大客流）

目前，对于国内一线大城市（如北京、上海、广州、深圳、香港）来说，其大客流类型多为超大客流，即便发生较大客流，也很快会在数分钟内发展转变为超大客流。对于二线城市来说，其大客流规模往往不足以形成超大客流。当然，随着日后各城市人口规模及经济水平的日益提升，越来越多的城市轨道交通车站大客流类型会向超大客流发展。

三、大客流组织的原则和策略

大客流组织应遵循一定原则，针对不同级别采取相应的应对策略。

1. 大客流组织的原则

城市轨道交通车站大客流组织基本原则如下：

（1）全线客流组织工作由运营控制中心统筹组织，车站客流组织工作由值班站长负责。

（2）在大客流情况下，车站应采取有效措施对客流进行控制。客流控制应遵循“由下至上，由内至外”的原则。即随着客流增大，控制范围应逐步由站台转移至站厅、出入口，由付费区转移至非付费区。

（3）如果站台乘客数量大于站台容积能力，必须利用进站闸机控制点进行客流控制，控制乘客前往站台的数量和速度。

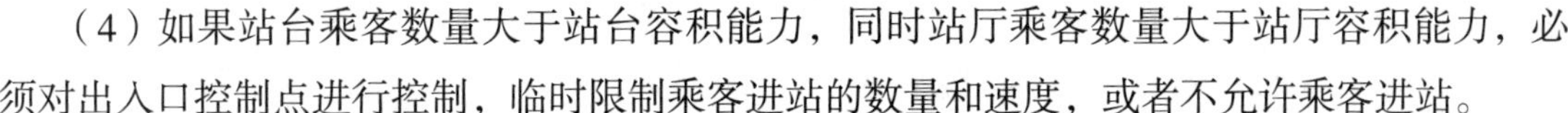

（4）如果站台乘客数量大于站台容积能力，同时站厅乘客数量大于站厅容积能力，必须对出入口控制点进行控制，临时限制乘客进站的数量和速度，或者不允许乘客进站。

2. 大客流组织的策略

（1）较大客流组织的策略

较大客流尚未达到车站站台的容量极限，且有一定的上升空间，也不会形成安全隐患。因此，为了提高车站通行能力，可在维持好乘客进、出站秩序的基础上，适当提升乘客进出站速度。

（2）超大客流组织的策略

超大客流已经达到或即将达到车站站台的容量极限，如果放任其继续增加，存在严重安全隐患。应对策略应以保障安全为主，立即限制乘客的进站数量和速度；组织列车扣留在前方车站或不停站通过；对于出站和换乘的乘客，应组织其尽快出站和换乘，减少站内停留时间，进而减少站内乘客数量，为进站乘客留出更多空间，降低安全风险。

大客流的判断标准、影响和应对策略见表 5–1。

表 5–1　　大客流的判断标准、影响和应对策略

大客流分类	判断标准	影响	应对策略
较大客流	站台聚集人数达到站台有效区域的 70% ~ 80%	车站比较拥挤，进出站流动速度有提升空间，无安全隐患	1. 提升通行能力，维持秩序 2. 提升乘客进出站速度
超大客流	站台聚集人数大于等于站台有效区域的 80%	车站极度拥挤，易发生踩踏，有安全隐患	1. 保障安全、维持秩序 2. 提升乘客出站、换乘速度 3. 限制乘客进站数量和速度 4. 组织列车扣留在前方车站或不停站通过

第二节　大客流组织影响因素分析

城市轨道交通大客流组织影响因素分析包括分析车站设备设施服务水平、计算车站设计通行能力、找出车站通行的瓶颈位置，以及分析车站重点区域对大客流组织的影响等内容。

一、车站设计通行能力的定义

车站设计通行能力是指车站在整体设备、设施正常的情况下所能通过的最大客流量，单位为人次 /15 min。掌握车站设计通行能力计算方法，可计算车站单个重点区域的通行能力和车站通行能力，进而分析车站设备、设施对大客流组织的影响。

车站设计通行能力是一个固定值，其大小取决于车站设备、设施布局，与通过车站的实际客流数量没有关系。

车站设计通行能力单位时间取 15 min，是因为轨道交通车站客流瞬时变化和短时冲击性较强，如果单位时间取值过大，难以精准分析出车站设备、设施布局对大客流的实际影响。加上候车时间，15 min 也是正常情况下乘客完成进站乘车和下车出站整个过程的时间。

二、车站设计通行能力的计算方法

1. 车站设计通行能力计算思路

乘客完成进站、出站的走行路径为线型轨迹。例如，进站乘车一般要途经出入口及通道、自动售票机、自动检票机、楼梯、自动扶梯、站台等区域。这些区域是乘客走行路径必经区域，对车站设计通过能力有直接影响。

车站设计通行能力计算步骤：

（1）依据车站布局，确定影响车站设计通行能力的单个区域及布局关系。

（2）计算单个区域的设计通行能力。

（3）根据单个区域设计通行能力，确定车站设计通行能力和瓶颈位置。

计算车站整体设计通行能力，必须首先计算出单个区域的设计通行能力，单个区域设计通行能力中的最小值，即为该车站的设计通行能力。设计通行能力最小的区域，称之为车站设计通行能力瓶颈位置。

知识窗

车站设计通行能力瓶颈位置

瓶颈一般是指在整体中的关键限制因素。车站设计通行能力瓶颈位置是车站设备、设施布局中，率先限制车站乘客大量通过的区域。在车站发生大客流时，瓶颈位置会先发生拥堵。

2. 影响车站设计通行能力的单个区域的确定

在计算车站整体设计通行能力时，要先准确确定影响车站设计通行能力的单个区域。单个区域的确定，应从车站的空间布局入手，根据进出站客流走行路径，确定出入口及通道的位置、数量，售票方式和自动售票设备台数，检票设备台数，衔接出入口和通道的楼梯、自动扶梯宽度，衔接站厅、站台的楼梯、自动扶梯、坡道等的位置和数量，确定所有单个区域的数量、位置和布局关系。

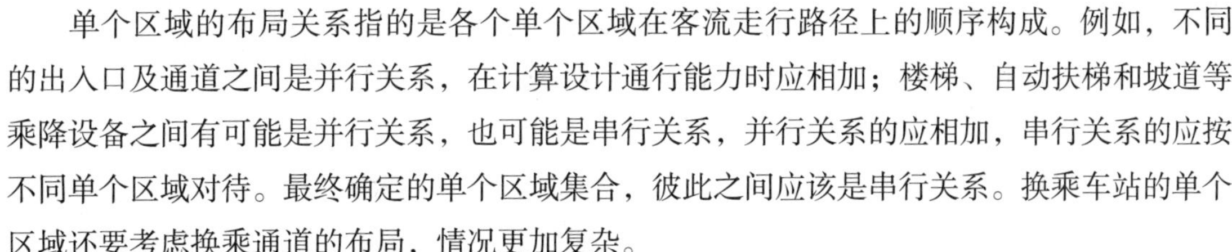

单个区域的布局关系指的是各个单个区域在客流走行路径上的顺序构成。例如，不同的出入口及通道之间是并行关系，在计算设计通行能力时应相加；楼梯、自动扶梯和坡道等乘降设备之间有可能是并行关系，也可能是串行关系，并行关系的应相加，串行关系的应按不同单个区域对待。最终确定的单个区域集合，彼此之间应该是串行关系。换乘车站的单个区域还要考虑换乘通道的布局，情况更加复杂。

3. 车站单个区域设计通行能力计算

影响车站设计通行能力的单个区域一般有五类：出入口及通道、自动售票设备、自动检票设备、乘降设备、列车输送。

（1）出入口及通道设计通行能力

设计时根据远期客流确定。每米净宽出入口及通道设计通过能力为单向通行时每 15 min 通过 1 250 人，双向通行时每 15 min 通过 1 000 人，见表 5–2。

表 5–2　　出入口及通道单位设计通行能力

方向	宽度 /m	单位设计通行能力 / 人次 /（m · 15 min）
单向	1	1 250
双向	1	1 000

出入口及通道设计通行能力计算公式：

$$A=a \times V_1$$

式中　A——出入口及通道设计通行能力，人次 /15 min；

a——出入口及通道单位设计通行能力，人次 /（m · 15 min）；

V_1——出入口及通道宽度，m。

出入口及通道设计通行能力还应考虑安检设备的影响。当设置安检设备时，一般安检设备的通行能力更小，应取安检设备的通行能力作为出入口及通道设计通行能力值。

（2）自动售票设备设计通行能力

以某地铁运营单位的自动售票设备为参考，每台自动售票设备设计通行能力见表 5–3。

表 5–3　　自动售票设备单位设计通行能力

设备	引导充分时的单位设计通行能力		乘客自助时的单位设计通行能力	
	人次 /（台 · min）	人次 /（台 · 15 min）	人次 /（台 · min）	人次 /（台 · 15 min）
自动售票机	3 ~ 4	45 ~ 60	1 ~ 2	15 ~ 30

自动售票设备设计通行能力计算公式：

$$B=b \times V_2 \div G$$

式中　B——自动售票设备设计通行能力，人次 /15 min；

b——自动售票设备单位设计通行能力，人次 /（台 · 15 min）；

V_2——自动售票设备数量，台；

G——乘客进站购票率，%。

（3）自动检票设备设计通行能力

自动检票设备主要是指闸机。以某地铁运营单位的自动检票设备为参考，每台自动检票设备设计通过能力见表 5–4。

表 5–4　自动检票设备单位设计通行能力

设备	引导充分时单位设计通行能力		乘客自助时单位设计通行能力	
	人次 /（台· min）	人次 /（台 · 15 min）	人次 /（台· min）	人次 /（台 · 15 min）
进站闸机	12 ~ 15	180 ~ 225	8 ~ 9	120 ~ 135
出站闸机	12 ~ 15	180 ~ 225	8 ~ 10	120 ~ 150

自动检票设备设计通行能力计算公式：

$$C=c \times V_3$$

式中　C——自动检票设备设计通行能力，人次 /15 min；

c——自动检票设备单位设计通行能力，人次 /（台 · 15 min）；

V_3——自动检票设备数量，台。

（4）乘降设备设计通行能力

乘降设备包括楼梯、自动扶梯。在进出站走行路径中，乘客会经过很多乘降设备。乘降设备单位设计通行能力见表 5–5。

表 5–5　乘降设备单位设计通行能力

乘降设备	单位设计通行能力	
	人次 /（m · min）	人次 /（m · 15 min）
楼梯单向向上	60 ~ 70	900 ~ 1 050
楼梯单向向下	50 ~ 65	750 ~ 975
楼梯双向	45 ~ 60	675 ~ 900
自动扶梯	100 ~ 120	1 500 ~ 1 800

乘降设备设计通行能力计算公式：

$$D=d \times V_4$$

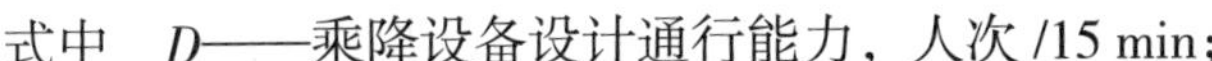

式中　D——乘降设备设计通行能力，人次 /15 min；

d——乘降设备单位设计通行能力，人次 /（m · 15 min）；

V_4——车站楼梯、自动扶梯宽度，m。

计算单个楼梯、自动扶梯的设计通行能力后，还应确定乘降设备之间的布局关系。并行关系的乘降设备的设计通行能力应加和，串行关系的应按不同单个区域处理。

（5）列车输送

列车输送能力是指列车在一定时间内输送乘客的能力。列车荷载、平均行车间隔是影响列车输送能力的主要因素。在实际工作中，还要考虑列车的平均满载率，到站列车的已有载客数量减去本站下车乘客数量后与列车荷载的差值，才是可供输送乘客的数量。

对于一个站台来说，列车输送能力计算公式为：

$$E=e\times N\times(1-m)$$

式中　E——列车输送能力；

e——一列车的荷载，人 / 列；

N——站台经过的列车总数（包括上行、下行），列 /15 min；

m——列车平均满载率（减去本站下车乘客数量），始发站的列车满载率取零，%。

知识窗

列车荷载

列车荷载即是该列车所有车厢荷载人数之和，一节车厢实际上最多能乘坐多少人由车型决定。

地铁车型一般分为 A、B、C 三类，其中：A 型车车厢长度为 21 ~ 24 m，有效长度为 22.1 m，车辆宽度为 3 m，每节车厢最大载客量为 310 人。B 型车车厢长度为 19 ~ 21 m，有效长度为 19.8 m，车辆宽度为 2.8 m，每节车厢最大载客量为 240 人。C 型车车厢长度为 15 ~ 19 m，车辆宽度为 2.6 m，每节车厢最大载客量为 210 人。

4. 车站设计通行能力确定

计算出单个重点区域的设计通行能力后，单个重点区域设计通行能力的最小值即为该车站的设计通行能力。设计通行能力最小的区域即为车站设计通行能力的瓶颈位置。

【案例】某地铁车站乘客进站路径为出入口及通道、自动扶梯 / 楼梯（站厅与出入口之间）、自动售票设备、自动检票设备、自动扶梯 / 楼梯（站台与站厅之间）、站台上车；乘客出站路径为下车、自动扶梯 / 楼梯（站台与站厅之间）、自动检票设备、自动扶梯 / 楼梯（站厅与出入口之间）、出入口及通道。该车站不具备换乘功能，不考虑安检，所有单位设计通行能力均取范围值中的最大值。车站相关设备、设施的数量和参数见表 5-6，求各区域的设计通行能力。

表 5-6　车站相关设备、设施的数量和参数

设备、设施	参数
出入口及通道	2 个，宽度为 4 m
自动售票设备	8 台，引导充分，购票率为 10%
自动检票设备	22 个，引导充分
楼梯、自动扶梯	出入口与站厅之间共设置自动扶梯 2 个，每个宽度为 1 m；楼梯 2 个，每个宽度为 2 m，双向通行；楼梯、自动扶梯并行布局 站厅与站台之间共设置自动扶梯 2 个，每个宽度为 1 m；楼梯 2 个，每个宽度为 2.5 m，双向通行；楼梯、自动扶梯并行布局
列车输送	晚高峰时段，发车间隔时间均为 3 min；列车荷载为 1 680 人 / 列，减去在本站下车的乘客数量后，平均满载率为 80%

【答案】

（1）确定影响车站通行能力的单个区域

根据车站设备、设施布局，可确定确定影响车站通行能力的单个区域包括出入口及通道（设计通行能力为 A）、自动售票设备（设计通行能力为 B）、自动检票设备（设计通行能力为 C）、乘降设备（出入口与站厅之间的 4 个楼梯、自动扶梯为并行关系，设计通行能力为 D_1；站厅与站台之间的 4 个楼梯、自动扶梯为并行关系，设计通行能力为 D_2；D_1、D_2 之间为串行关系，分别计算）。站台设计通行能力为 E。

（2）计算单个区域的设计通行能力

出入口及通道设计通行能力 A：

$$A=2\times4\times1\ 000=8\ 000\text{（人次 /15 min）}$$

自动售票设备设计通行能力 B：

$$B=8\times60\div10\%=4\ 800\text{（人次 /15 min）}$$

自动检票设备设计通行能力 C：

$$C=22\times225=4\ 950\text{（人次 /15 min）}$$

出入口与站台之间乘降设备设计通行能力 D_1：

$$D_1=2\times1\times1\ 800+2\times2\times900=7\ 200\text{（人次 /15 min）}$$

站厅与站台之间乘降设备设计通行能力 D_2：

$$D_2=2\times1\times1\,800+2\times2.5\times900=8\,100\text{（人次 /15 min）}$$

站台设计通行能力（列车输送能力）E：

$$E=1\,680\times（15\div3+1）\times2\times（1-80\%）=4\,032\text{（人次 /15 min）}$$

（3）确定车站设计通行能力和瓶颈位置

取以上各计算结果的最小值，可得晚高峰时段设计通行能力 F：

$$F=E=4\,032\text{（人次 /15 min）}$$

该车站晚高峰时段设计通行能力为 4 032 人次 /15 min。车站的瓶颈位置为列车输送。

假如车站实际客流大于 F，即会产生拥堵。那必须提高 F（E），即提高列车输送能力来缓解大客流产生的局部拥堵。如果无法提高 F（E），而大客流又持续增加时，则必须采取限制客流进站的措施，保障进出站乘客安全。

如果采取措施已经显著提高了列车输送设计通行能力，自动售票设备（B）或自动检票设备（C）有可能成了新的瓶颈位置，此时就需要采取增加自动售票设备和自动检票设备数量、降低购票率等措施，提高车站设计通行能力。

三、车站不同区域对大客流组织的影响分析

从车站设计通行能力计算方法可以看出，车站内部设备、设施布局和列车输送能力决定了车站设计通行能力，也决定车站在产生大客流时，有哪些区域较易发生拥堵。大客流组织应重点关注这些区域，并提出相应解决办法。

1. 出入口及通道对大客流的影响

出入口是城市轨道交通车站建筑中的一个重要部分，是乘客进出站的必经之处。出入口对车站的平面布局影响很大，有时候甚至是决定性影响。对于地下车站而言，发生紧急情况时，出入口是乘客由地下向地面逃生的最主要通路。因此，出入口在总体平面设计时既要考虑到其与地下通道的顺畅性，又要考虑能均匀地、尽量多地疏散和吸纳客流。车站出入口的数量应根据客运需要与疏散要求设置，并做了最低数量规定。

知识窗

车站出入口数量

国家标准《地铁设计规范》（GB 50157—2013）规定车站出入口的数量应根据吸引与疏散客流的要求设置，每个公共区直通地面的出入口数量不得少于 2 个，每个出入口宽度应按远期或客流控制期分向设计客流量乘以 1.1 ~ 1.25（不均匀系数）计算确定。

出入口通道的数量是根据远期客运需求和疏散需求确定的。通道设施的设计主要是为了减少行人间的摩擦，提高步行效率，缩短进出站时间或换乘时间。因此，无论是出入口通道还是换乘通道，相关规范也在长度、宽度及通畅性方面给予合理建议，提高行人的通过效率。

车站建成后，出入口及通道设计通行能力基本为固定值，且数值较大，车站设计通行能力通常不受制于出入口及通道。当大客流产生时，率先发生拥堵的区域也一般不会是出入口及通道。当大客流持续增加到已超过车站承载能力时，为了减缓车站内的客流压力，可以在出入口设置客流控制点，减缓乘客进站速度。

2. 自动售检票设备对大客流的影响

自动售检票设备通行能力有限，客流高峰时段，进出站检票闸机经常会出现乘客排队现象。在购票率较高的车站，自动售票设备前也经常会出现排队购票的现象。因此，应对站厅层自动检售票设施的人机交互界面进行优化设计，提高乘客的自助服务效率。同时，要合理设置进出站检票闸机数量，与高峰时段的进出站客流量相匹配，这样才能保证资源合理利用，避免形成进出站客流堵塞。

根据车站设计通行能力计算经验，自动售检票设备设计通行能力往往低于出入口及通道、乘降设备的设计通行能力，较易成为车站设计通行能力的瓶颈。此时，提高车站设计通行能力的方法包括增加人工出售车票的预售票点、增加售票机数量、增加进出站闸机数量，或在紧急情况下采用开边门方式加快乘客进出站速度。

3. 乘降设备对大客流的影响

楼梯、自动扶梯、坡道等是城市轨道交通车站中主要的乘降设施。车站的楼梯、自动扶梯一般有三种：出入口楼 / 扶梯、站厅和站台的连接楼 / 扶梯、换乘楼 / 扶梯。

（1）出入口楼 / 扶梯

由于乘客进站的随机性，一般情况下，出入口楼 / 扶梯对进站乘客的影响几乎为零。在客流高峰时段，可能会在楼 / 扶梯口出现局部出站高密度客流，但由于下车乘客通过站台、站厅、通道的走行路径后，集中客流已经通过这一过程得到了缓解，因此其持续时间不会很长。

（2）站厅和站台的连接楼 / 扶梯

乘客进入站台前，先受检票闸机通过能力约束，而楼扶梯通过能力要大于检票闸机，因此进站乘客一般不会在楼扶梯口形成局部高密度聚集。但在客流高峰时段，大量的出站乘客同时下车，必然存在一部分乘客在站台的楼梯、自动扶梯口处排队等候，造成局部拥堵。

（3）换乘楼 / 扶梯

换乘车站客流巨大、集中，对楼 / 扶梯的短时冲击性非常大。列车到站后，乘客会在很

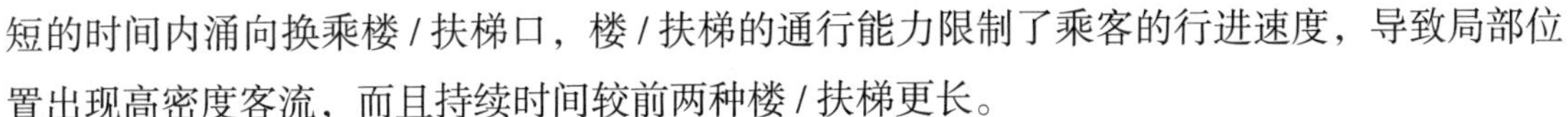

短的时间内涌向换乘楼 / 扶梯口，楼 / 扶梯的通行能力限制了乘客的行进速度，导致局部位置出现高密度客流，而且持续时间较前两种楼 / 扶梯更长。

因此，在车站设计中，需要尽可能准确地进行客流预测，确定楼梯、自动扶梯的宽度和数量，使楼 / 扶梯的通行能力跟高峰时段客流相匹配，减少大客流对楼 / 扶梯设施的短时冲击力，延缓局部拥堵，提高使用寿命。

车站建成后，各处楼扶梯设计通行能力也基本为固定值，且目前车站均能配备足够数量、宽度的楼 / 扶梯，车站设计通行能力通常不受制于楼 / 扶梯。当大客流产生时，率先发生拥堵的区域也一般不会是楼 / 扶梯。当大客流持续增加，引起站台层或站厅层拥堵时，可通过更改自动扶梯开行方向、停止使用自动扶梯、自动扶梯改为步梯等方法，缓解车站局部区域的客流压力。

4. 列车输送能力对客流的影响

根据车站设计通行能力计算和各城市大客流组织工作经验，列车输送能力是车站大客流组织的主要影响因素。影响列车输送能力的三大因素是行车间隔、列车荷载和满载率。列车荷载由列车编组数确定，而列车最大编组数由车站站台长度确定。站台长度一旦确定，站台服务的最大设计容量也就确定了。一般情况下，车站站台会为未来车站远期预测高峰小时客流量预留足够的长度，如果预留长度不够，可加以扩建改造。

一般高峰时段，驶入站台的列车满载率较高，在下车乘客也不多的情况下，乘客能挤上车的数量有限，随着进入站台的乘客持续增多，势必会造成站台区域客流聚集、拥堵。为了提高高峰时期的站台列车输送能力，需要提前编制专门的列车运行图，缩短列车行车间隔，增大运输能力。

当列车行车间隔已缩短到极致，仍不能缓解站台持续增加的客流压力时，有必要采取限制措施，控制进入站台区域的乘客数量，保障站台区域乘客安全。

案例分析

因站台长度不够导致的站台扩建

日本东京地铁早期修建的丸之内线的车站站台长度按 4 辆编组设计。由于客运量的增加，被迫从 20 世纪 60 年代开始对车站进行改造，将站台加长到 6 辆车长。这一改造工程是在列车不停运的情况下进行的，只能在夜间停运的 3 ~ 4 h 内施工。因技术复杂和施工场地狭小，改造工程用了 1 年时间才完成。

1984 年建成的天津地铁 1 号线一期工程长 7.3 km，设 8 座车站，站台按 3 辆车编组长（60 m）设计，运营实践证明该线的运输能力太低。现在天津地铁 1 号线线路要向两端延伸，全线按 6 辆车编组站台长（120 m）设计，必须对既有的 8 座车站进行加长改造。改造的方法是，将车站一端或两端的区间结构爆破拆除以加长车站。有的车站改为换乘站，必须整体拆除重建，其成本之高可想而知。

第三节　大客流组织方法

根据级别不同，大客流组织方法可分为较大客流组织方法和超大客流组织方法。超大客流组织方法又包括单站级客流控制、单线级客流联控、线网级客流联控。单站级客流控制包括一级客流控制、二级客流控制、三级客流控制。

本节阐述的大客流组织方法均为可预见性（常态化）大客流组织方法，不包括由突发事件引起的大客流组织。

一、较大客流组织方法

较大客流尚未达到车站站台的容量极限，不会形成安全隐患，可在维持好乘客进出站秩序的基础上，适当提升乘客进出站速度。城市轨道交通车站单个区域较大客流组织方法见表 5–7。

表 5–7　城市轨道交通车站单个区域较大客流组织方法

单个区域	较大客流组织方法	目的
出入口	用伸缩带、铁马等设施组织乘客排队	维持进站秩序，提升乘客进站速度
通道	在通道中间设置伸缩带、铁马等设施，分流进出站客流	维持进出站秩序，提升乘客进出通道速度
出入口自动扶梯	加开通往站厅（进站方向）的自动扶梯	提升乘客进入站厅的速度
自动售票机	1. 组织乘客排队购票，引导购票 2. 增设临时售票点 3. 增加自动售票机 4. 事先对故障自动售票机进行维护检修	维持售票秩序，加快乘客购票速度
自动检票机	将双向闸机设置为单向进站方向	提升乘客进入付费区的速度
站台与站厅之间的自动扶梯	加开通往站台（进站方向）的自动扶梯	提升乘客进入站台的速度
站台列车输送能力	1. 维持站台乘客候车、上下车秩序，协助司机开关车门，确保乘客安全上下车 2. 适当延长列车停站时间 3. 引导乘客尽快上、下列车 4. 增加列车开行班次	维持站台秩序，提升站台列车输送能力

二、超大客流组织方法

超大客流已经达到车站站台的容量极限，存在安全隐患，应以保障安全为主，采取控制车站内及控制区域内乘客数量、确保车站客流组织有序的措施。

1. 单站级客流控制

单个车站采取客流控制方法进行客流组织的行为，称为单站级客流控制。

单站级客流控制遵循“由下至上，由内至外”的原则，一般采取三级客流控制措施。可根据现场需求同时采取多种客流控制措施，以达到客流“有序、可控”的目的。单站级客流控制示意图如图 5-6 所示。

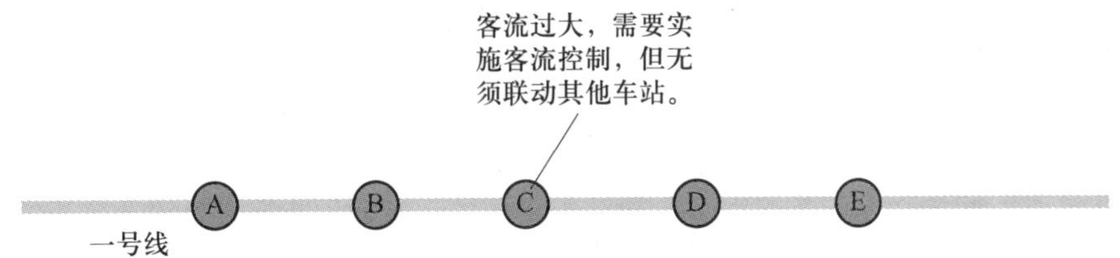

图 5-6　单站级客流控制示意图

（1）一级客流控制

一级客流控制是指在付费区采取措施控制站台乘客数量的客流组织方法。当站台候车乘客超过整个站台面积的 2/3 时，为了保障站台乘客安全，需要减缓乘客到达站台速度、减少站台乘客数量，可通过在站厅与站台之间的楼梯和自动扶梯连接处设置控制点（见图 5-7）、改变自动扶梯走向、引导乘客走楼梯、在付费区设置回形线路引导乘客绕行进入站台等方法实施客流控制。一级客流控制由车站值班站长决定实施，并通报运营控制中心、中心站站长，请求本站保安人员协助。

图 5-7　站厅自动扶梯口处的客流控制点

（2）二级客流控制

二级客流控制是指在非付费区采取措施控制进入付费区乘客数量的客流组织方法。当大客流持续增大，站台拥挤蔓延至付费区，且付费区乘客超过整个付费区面积的 2/3 时，为了保障付费区乘客安全，需要减缓乘客到达付费区速度、减少付费区乘客数量，可通过关闭部分进站闸机限流、在进站闸机口设置控制点引导乘客分批进闸、在非付费区设置回形线路引导乘客绕行进闸（见图 5–8）等措施实施客流控制。二级客流控制由车站值班站长决定实施，并通报运营控制中心、中心站站长，请求本站保安人员协助。

图 5–8　进站闸机口处的回形阵

（3）三级客流控制

三级客流控制是指在出入口外采取措施控制进站乘客数量的客流组织方法。当大客流持续增大，付费区拥挤蔓延至非付费区，且非付费区乘客超过整个非付费区面积的 2/3 时，为了保障非付费区乘客安全，需要减缓乘客到达非付费区速度、减少非付费区乘客数量，可通过在出入口限制乘客进站（见图 5–9）、在出入口外设置回形线路引导乘客绕行进站等方法实施客流控制。三级客流控制由中心站站长决定实施，并通报运营控制中心，请求公安部门协助。

图 5–9　入口通道处限制乘客进站速度

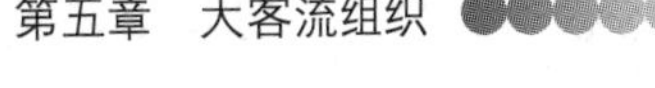

以上是三级客流控制的一般性方法，在实施过程中，应根据车站实际情况，制定更为详尽的大客流组织预案。单站级客流控制的启动条件及具体措施见表 5–8。

表 5–8　　单站级客流控制的启动条件及具体措施

单站级客流控制模式	启动条件	主要目的	主要措施
一级客流控制	满足本站客流组织预案启动条件后或者站台候车乘客超过整个站台面积的 2/3	减缓乘客到达站台速度、减少站台乘客数量	1. 在站厅与站台之间的楼梯和自动扶梯连接处设置控制点，引导乘客分批放行 2. 改变自动扶梯走向，如将通往站台方向的自动扶梯改为通往站厅方向，引导乘客走楼梯进入站台 3. 在付费区设置回形线路，引导乘客绕行进入站台
二级客流控制	满足本站客流组织预案启动条件后或者付费区乘客超过整个付费区面积的 2/3	减缓乘客到达付费区速度、减少付费区乘客数量	1. 关闭部分进站闸机限流（尽量少采用） 2. 在进站闸机口设置控制点，引导乘客分批进闸 3. 在非付费区设置回形线路，引导乘客绕行进闸
三级客流控制	满足本站客流组织预案启动条件后或者非付费区乘客超过整个非付费区面积的 2/3	减缓乘客到达非付费区速度、减少非付费区乘客数量	1. 关闭部分出入口（尽量少采用） 2. 将部分出入口设置为只出不进 3. 在出入口用铁马等备品设置控制点，引导乘客分批进站 4. 在出入口外设置回形线路，引导乘客绕行进站

（4）单站级客流控制启动流程

以某地铁站为例，单站级客流控制启动流程为车站向运营控制中心、中心站站长汇报启动本站常态化客流控制；车站立即按照常态化客流控制方案采取客流控制措施，将进站客流限制在规定数值之内，保证进站、购票、出入闸，以及站台上下车客流组织的安全、有序，通知地铁公安部门到场协助；待大客流结束后，车站向运营控制中心、中心站站长汇报取消本站常态化客流控制。

知识窗

常态化客流控制

根据某城市轨道交通运营企业制定的《运营事业总部客运组织实施细则》，客流控制类型包括常态化客流控制和突发客流控制。常态化客流控制分为工作日客流控制和节假日客流控制。由此可以看出，常态化客流有规律可以遵循，且客流形态比较固定，只要是在正常情况下产生的较大客流及超大客流，均可称之为常态化客流。常态化客流控制即是根据车站、本线或线网的客流情况，在日常或节假日固定时间内启动的客流控制。

2. 单线级客流联控

当城市轨道交通某条线路上一个站点或连续多个站点客流偏高，进站乘客人数又持续增加，采用单站级三级客流控制模式也难以缓解车站大客流压力时，应采取单线级客流联控模式，均衡线路上各站进站客流，缓解线路上主要站点的客流压力。

（1）主控站与辅控站

线路上大客流换乘站或连续几个满载率偏高区段中，客流密度最大，并可以直接向运营控制中心申请和取消客流联控的车站称为主控站。

位于主控站的上、下行线路上或邻线线路上，根据线路各站客流变化与特点，采取限制客流进站的措施，以期能有效缓解沿线或邻线主控站客流压力，并根据运营控制中心命令启动和取消客流控制的车站称为辅控站（见图 5–10）。

图 5–10　辅控站限制乘客进站数量

主控站与辅控站一般出现在单线级客流联控和线网级客流联控模式中，实施原则是优先满足主控站的客流疏导，缓解高满载率区段的客流压力。主控站本站出现大客流或连续多个区段满载率偏高时，辅控站应采取限流措施满足主控站的客流疏导要求，缓解高满载率区段的客流压力。

（2）单线级客流联控模式

单线级客流联控模式是指主控站本站出现大客流或本线连续多个区段满载率偏高时，采取客流控制措施限制主控站和本线辅控站进站乘客数量，均衡各站进站客流，缓解主控站和高满载率区段客流压力的客运组织模式。单线级客流联控模式如图 5–11 所示。

（3）单线级客流联控启动流程

主控站上报运营控制中心启动客流控制，运营控制中心根据客流控制方案向辅控站发布命令。接到启动客流控制的命令时，辅控站立即按客流控制方案实施现场的客流组织，将进站客流限制在规定数值之内，保证乘客进站、购票、候车、乘车等环节安全有序，通知地铁公安部门到场协助。

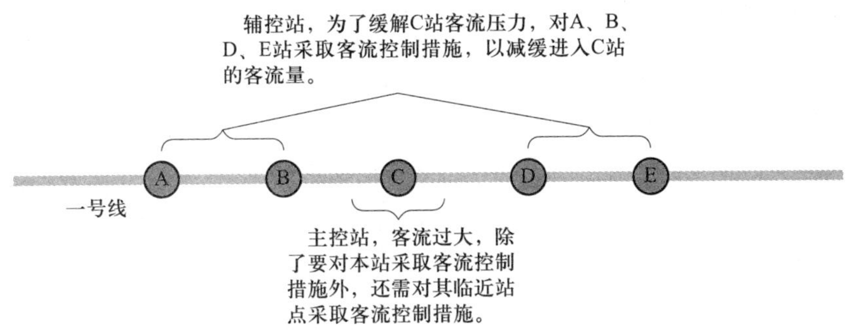

图 5-11　单线级客流联控模式示意图

主控站上报运营控制中心取消客流控制，运营控制中心根据方案向辅控站发布命令。主控站应密切关注站台乘客滞留情况，原则上按照客流控制的计划执行，根据现场客流情况适度提前或推迟启动和取消客流控制时间。

3. 线网级客流联控

（1）线网级客流联控模式

线网级客流联控模式是指实施单线级客流联控仍无法缓解客流压力时，对邻线辅控站采取客流控制措施限制进站乘客人数，缓解主控站客流压力的客运组织模式。线网级客流联控模式如图 5-12 所示。

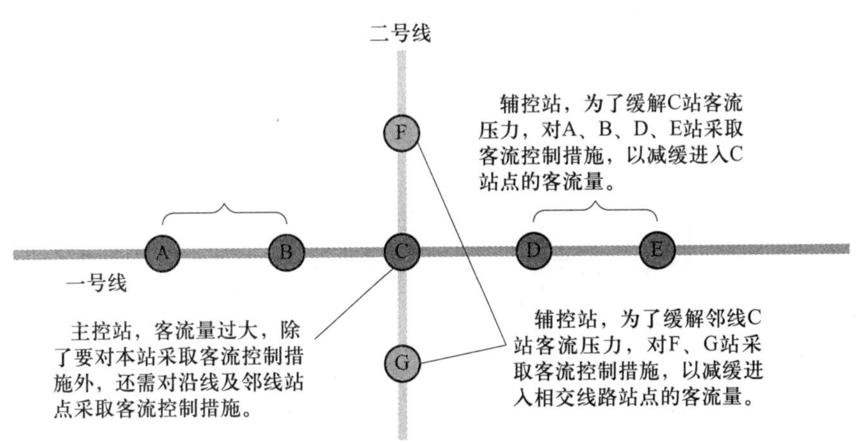

图 5-12　线网级客流联控模式示意图

（2）线网级客流联控启动流程

线网级客流联控启动流程与单线级客流联控启动流程一致，均是由主控站上报运营控制中心启动或取消客流控制，辅控站接收运营控制中心命令，将进站客流限制在规定数值之内。

三、客流控制实施的基本要求和信息发布要求

大客流组织采取的各项客流控制措施均会对乘客出行和进出车站产生很大影响，降低

城市轨道交通服务水平。因此，实施客流控制措施时要遵循一些基本要求，并按信息发布制度规定及时发布相关信息。

1. 客流控制实施的基本要求

在实施客流控制时，应按照以下基本要求进行：

（1）严格按照预告信息中的车站、日期、时段启动客流控制。使用铁马栏杆设置回形阵的车站，不能提前设置，否则会使乘客在客流控制实施前就在出入口或站厅内绕行。

（2）客流控制时每组进站闸机应保证至少开放两台，可采取在进站闸机前设置回形阵（宽度够一人通行即可）或在进站闸机前拦截、分批放行的客流控制方式，尽量不直接关闭进站闸机。

（3）客流控制时应关注老、幼、病、残、孕等特殊乘客，并开辟绿色通道主动引导其快速进站。

（4）制定客流控制方案应分析列车满载率、进站客流对换乘站的影响程度和距离换乘站远近等因素，选择适当的控制站点，合理分配客流控制数据，使各控制车站乘客等待时间基本持平。

（5）提前三天完成新增常态化客流控制车站全员培训和大客流组织方案的演练工作。培训内容包含车站客流控制预案、客流控制目的、方式方法等。

2. 客流控制的信息发布要求

（1）工作日常态化客流控制信息预告

提前七天，在微博、乘客信息显示系统、地铁报纸、交通电台等媒介预告新增常态化客流控制的站点、时间，以及具体原因、措施等信息。

提前七天，在新增常态化客流控制车站播放宣传广播、摆放告示、向乘客派发客流控制宣传单张，提前告知乘客本站实施客流控制的日期、时段等信息。

（2）节假日常态化客流控制信息预告

提前三天，通过微博、乘客信息显示系统、地铁报纸、交通电台等媒介预告。

执行常态化客流控制时，仅在站厅的乘客信息显示系统发布客流控制信息，不需要在站台发布。

思考与练习

1. 什么是大客流？根据产生原因不同，大客流可分为哪几种类型？
2. 大客流组织的原则有哪些？
3. 影响车站设计通过能力的单个区域有哪些？
4. 三级客流控制的主要目的分别是什么？

第六章　应急处置与危机处理

学习目标

◆ 能够描述突发性大客流的特性，列举其处置原则、应对策略和客流组织方法。

◆ 能够按照车站各项典型突发事件行动指引，完成相应的应急处置操作。

◆ 能够列举危机处理的构成要素，结合案例总结经验，提升运营危机处理能力。

城市轨道交通车站、列车是乘客集中的公共设施，一旦发生大面积停电、火灾、水淹、爆炸、疫情等突发事件，产生突发性大客流或发生更加严重的状况，会影响车站的正常运营，甚至导致沿线的交通瘫痪，如果应对延误、处置不当、举措失误，还有可能造成乘客伤亡、设施设备损毁等严重后果，严重影响社会秩序和运营单位自身形象。

当城市轨道交通车站发生突发事件时，各岗位员工应遵循突发事件的处理原则，团结协作、迅速高效地妥善处置，防止事件扩大、升级，最大限度地减少事件造成的损失。

第一节　突发性大客流组织

突发性大客流与常态化大客流最大的区别是不可预见性，由于不可预见，其应急处置的原则、应对策略和客流组织方法也不同。

一、突发性大客流概述

突发性大客流的特性与其产生原因紧密相关，分析影响城市轨道交通大客流的突发事件，有助于针对不同事件未雨绸缪、有的放矢，编制相应的应急预案，尽可能地减小突发客流对车站运营造成的影响。

1. 突发性大客流产生的原因

一般可将产生突发性大客流的原因分成四类：

（1）自然灾害类：不可预见的地震、台风、暴雨、大雾等。

（2）社会治安类：火灾、爆炸、恐怖袭击等。

（3）公共卫生类：传染病、毒气、放射性污染、其他（如有毒的动物进入车站）等。

（4）生产安全类：车辆、机电、通信、信号、供电设备故障等。

2. 突发性大客流特性

突发性大客流除具备大客流的基本特性外，还有以下主要特性：

（1）不可预见

突发性大客流的发生时间、发展情况、影响程度等，都不可预见或不可完全预见。

（2）影响严重

由于城市轨道交通很多车站布置在地下，相对封闭且客流集中，突发事件可能会导致大量乘客滞留车站，还可能往线网扩散，进而导致列车运行延误、中断甚至更为严重的后果，极大地危害乘客生命安全和财产安全。

（3）应对困难

由于突发性大客流的不可预见性和影响的严重性，随着城市轨道交通线网规模越来越大，突发事件发生后造成客流变化的复杂性、动态性和混沌性，突发性客流给客流组织工作带来巨大的挑战。

3. 突发性大客流分级

针对四类突发事件，运营单位按照其可能造成的危害程度、影响范围、财产损失等情况对突发性大客流进行分级。有的城市轨道交通运营企业分为重大级和一般级，也有城市轨道交通运营企业按照由高到低分为Ⅰ级、Ⅱ级、Ⅲ级、Ⅳ级。

二、突发性大客流应急处置原则和应对策略

车站发生突发性大客流后，应根据影响程度、发展情况、紧迫性等因素，立即组织力量，在事件初期迅速出动，准确处置，控制事态，减少损失。突发性大客流处置一般包括准备、响应、恢复三个步骤。“准备”是指针对可能发生的事故，为迅速有效展开应急工作而提前做的工作，目的是控制突发事件的风险及降低其发生的概率。“响应”是指突发事件发生后立即采取措施或救援行动，降低损失。“恢复”是指当事故的影响初步得到控制时，为使运营生产尽快回归正常状态而采取的行动。

1. 突发性大客流应急处置原则

突发性大客流应急处置应遵循“安全第一、统一指挥、分级控制、合理疏导、及时疏散”总原则，并做到：

（1）统一指挥，分工明确。由运营控制中心负责线路的客流组织工作，车站的客流组织由值班站长负责。

（2）发生突发性大客流前，实行“预防为主”的原则，制定突发事件的应急预案。

（3）突发性大客流发生时，积极采取措施应对，优先组织人员疏散并进行伤员抢救，采取“先通后复”的原则，尽快恢复运营，减少损失。

（4）恢复正常运营后，应分析原因，吸取教训，优化应对措施。

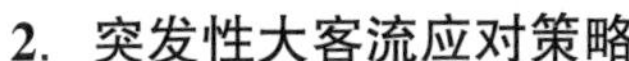

2. 突发性大客流应对策略

突发性大客流的应对策略主要包括：

（1）清客、疏散、隔离。

（2）改变列车的运行交路。

（3）分析应急疏导组织行为策略与乘客行为，对城市轨道交通突发事件的应急疏导进行仿真，探讨合理的应急管理措施，对已有的应急疏导方案进行优化，提高车站应急疏导组织能力及效率。

（4）如果突发性大客流导致线路瘫痪、无法继续运营，应引入地面公交协同接运组织客流。

3. 应急预案

虽然突发性大客流的产生不可预见，但可以通过分析可能诱发突发性大客流的突发事件，提前做好应急预案。应急预案体系一般包括总体应急预案、专项应急预案和现场处置方案三个层次。

（1）总体应急预案

总体应急预案也称为综合应急预案，是企业的总体预案，从总体上说明事故的应急方针和政策、应急组织架构、相应人员的职责，以及应急措施的基本要求及程序。总体应急预案可以清楚地反映企业应急管理体系的概况，是企业应对各类突发事件的综合类文件。

（2）专项应急预案

专项应急预案是针对具体的不同的突发事件、危险源制定的计划或方案，它在总体应急预案的基础上，充分考虑某种特定危险的特点，对应急组织机构、应急行动等进行详细具体的说明。专项应急预案是总体应急预案的组成部分，要按照总体应急预案的程序和要求进行制定，具有明确的救援程序、详细的应急措施和应急联动协同，能最大限度地调动资源，快速、有效地进行应急救援。

（3）现场处置方案

现场处置方案是针对运营中特定的场所（如事故风险较大的场所、装置或重要的防护区域等）可能发生的各种不同的具体事故（如列车脱轨、列车挤岔、特种设备故障等）所制定的预案。现场处置方案的要求是针对性强、简单、详细，通过应急演练，使现场人员熟悉处置流程，并能迅速反应，进行正确处置。

三、突发性大客流组织方法

突发性大客流的组织方法主要包括疏散、清客、隔离和地面公交协同接运。

1. 疏散

疏散是指在紧急情况下，利用一切通道和出入口迅速地把乘客从危险区域全部转移到安全区域的方法。

疏散需要运营单位各部门的通力配合，力争在最短时间内完成客流的安全转移。运营单位要经常对疏散方案进行模拟演练，让员工充分知道自己的岗位职责和作业流程，以便在发生突发事件时能快速、有效地开展疏散工作，乘客可以快速、安全地转移。

进行应急疏散要注意以下几点：充分熟知车站建筑设施，通过合理地优化布局或调整车站的内部设施（如闸口设置、电梯运行速度和方向等），尽量降低设施或通道对客流疏散速度的影响；客流流线的设计应引导乘客按照规定的优化路线完成应急疏散，提高出口和必要设施的利用率；加强对车站工作人员的培训演练，提高疏散效率。

按照疏散地点不同，疏散可分为车站疏散和隧道疏散（也称区间疏散）。

（1）车站疏散组织

车站疏散组织时涉及的岗位和工作内容详见表 6–1。

表 6–1　车站疏散组织时涉及的岗位和工作内容

岗位	工作内容
值班站长	1. 确定事故的种类及地点，确定是否需要执行紧急疏散程序 2. 指挥抢险，在上级未到达前担任现场指挥，命令车站员工执行疏散计划 3. 如果有乘客被困站台，应要求行车调度员安排一列空车前往站台进行救援 4. 如果灾害危及车站员工安全，应组织员工到紧急出入口集中 5. 疏散完毕后，检查是否还有乘客滞留，安排人员关闭车站出入口
行车值班员	1. 根据情况拨打 119、120、110 请求支援 2. 启动自动售检票紧急模式，使闸机处于常开状态，将自动售票机设置为暂停服务 3. 视情况需要，开启相应的环控模式 4. 向上级汇报有关情况
客运值班员	1. 指引乘客按照疏散路线进行疏散 2. 配合值班站长进行疏散组织工作
站务员	1. 确保票款安全，关闭客户服务中心，在站厅做好客流引导 2. 配合客运值班员做好乘客疏散工作，确认垂直电梯没有困人
其他	安检工作人员及保洁工作人员等协助车站进行乘客疏散工作

（2）隧道疏散

当列车发生紧急情况在区间停车时，乘客可通过安全疏散门或疏散平台有序进行疏散或逃生。

安全疏散门设在列车司机室的一端，乘客可进入司机室，通过安全疏散门离开列车。

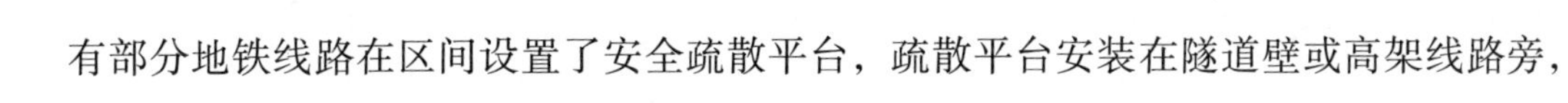

有部分地铁线路在区间设置了安全疏散平台，疏散平台安装在隧道壁或高架线路旁，乘客可手动打开紧急疏散平台侧的车门，通过疏散平台进行疏散。

知识窗

隧道疏散平台设计标准

国家标准《地铁设计规范》（GB 50157—2013）规定：疏散平台上方应保持不小于2 000 mm的疏散空间。每个区间隧道轨道区均应设置到达站台的疏散楼梯；两条单线区间隧道应设联络通道，相邻两个联络通道之间的距离不应大于600 m；道床面应作为疏散通道，道床步行面应平整、连续、无障碍物。隧道内疏散平台宽度一般情况下为700 mm，困难情况下不小于550 mm。

国家标准《城市轨道交通技术规范》（GB 50490—2009）规定：中区间隧道应设置可控制方向的疏散指示标志。

列车隧道故障时组织疏散的条件

《城市轨道交通工程项目建设标准》规定：列车运行中发生火灾，只要动力系统未受破坏，不得在区间停车，应驾驶到车站，从站台疏散乘客；列车在区间发生故障，应由另一列车（清客后）救援推送（牵引）至就近车站疏散，随后送入就近车站的待避线停放。

国家标准《地铁安全疏散规范》（GB/T 33668—2017）规定：当列车在区间内着火等不能行驶到前方车站时，乘客可以通过道床或应急疏散平台步行撤离至安全区。

2. 清客

清客是指当车站或列车出现异常时，需要把乘客从某一区域全部转移到另一区域的方法。清客包括车站清客和列车清客。

（1）车站清客组织

车站清客组织时涉及的岗位和工作内容详见表6–2。

表6–2　车站清客组织时涉及的岗位和工作内容

岗位	工作内容
值班站长	1. 组织车站工作人员进行清客，引导乘客退票 2. 检查是否有乘客滞留，关闭车站出入口 3. 安排工作人员到紧急出入口值勤 4. 把情况汇报给站长，并做好相关记录

续表

岗位	工作内容
行车值班员	1. 通知车站各岗位的工作人员执行清客程序 2. 启动自动售检票紧急模式，使闸机处于常开状态，将自动售票机设置为暂停服务 3. 做好乘客广播工作
客运值班员	1. 引导乘客办理退票或出站 2. 统计退票的数量，封存好回收的单程票并上交票务室
站务员	1. 负责做好乘客退票工作并引导乘客出站 2. 配合客运值班员做好乘客清客工作

（2）列车清客组织

列车清客组织时涉及的岗位和工作内容详见表 6–3。

表 6–3　　列车清客组织时涉及的岗位和工作内容

岗位	工作内容
值班站长	1. 组织站务员进行清客 2. 清客完毕后及时通知车控室，指示站台工作人员显示“好了”信号发车 3. 引导部分乘客退票，组织部分乘客在站台等候下一趟车 4. 做好乘客的安抚和解释工作 5. 把情况汇报给站长，并做好相关记录
行车值班员	1. 收到列车清客的命令后，立刻通知值班站长执行清客程序 2. 做好乘客广播工作 3. 及时将清客完毕的时间汇报给行车调度员
站务员	1. 票务岗做好退票工作 2. 站台岗执行列车乘客的清客工作 3. 安排乘客在站台等候下一趟列车

3. 隔离

隔离是指采用某种方法（如使用设备）人为地隔开人群或封闭某个区域，包括非接触纠纷隔离、接触式纠纷隔离、客流流线隔离、疫情隔离。

发生突发性大客流时，排队购票的乘客与进出站的乘客发生了干扰，车站就可以利用铁马、伸缩隔离栏人为地隔开客流，避免客流流线交叉。

4. 地面公交协同接运

较高级别的突发事件对线路的运营影响较大，可能会发生较严重后果。如果运营突发中断，就需要启动公交应急协同接运。在突发中断区段沿线安排公交接驳。地面公交协同接运需要注意以下几点：

（1）车站人员接到公交接驳的通知后，应做好相关广播并摆放告示。

（2）引导乘客从边门出站并到正确的公交候车点坐车。

（3）候车点要摆放公交接驳指示牌，清楚告知乘客途经的站点信息。

案例分析

地面公交协同接运

2019年5月7日，广州地铁1号线西塱至花地湾区段发生供电故障。随后广州地铁立即安排技术人员处理故障，该线广州东站至芳村站执行小交路运行。前往芳村至西塱区段的乘客需要乘坐接驳公交或其他交通工具。

协调后，广州地铁安排了16辆公交车在西塱至芳村沿线各站进行接驳。车站告示写着“由于供电故障，1号线的列车有延误，有急事的乘客请改乘其他的交通工具，出站时请按照工作人员的指引，7日内可持车票到除APM线外地铁各站办理相关票务手续，感谢您的谅解和合作”。

第二节　突发事件应急处置

如果车站发生自然灾害或公共卫生、社会治安、运营突发事件等，已经导致或可能导致事故发生或设施设备严重损害，不能维持全部或局部运行，立即进入应急状态。在应急情况下，为最大限度地降低损失或危害、防止事态扩大而采取的紧急措施或行动，称为应急处置。

需要重点掌握的应急处置情况一般包括车站公共区域火灾事件、水淹、大面积停电、恶劣天气、疾病防疫等。

一、车站公共区域火灾事件的应急处置

1. 关键步骤

（1）高架车站站台（厅）发生火灾时，采用自然排烟模式；地下（面）车站站台发生火灾时，根据火势大小开启站台火灾模式，启动站台排烟模式；地下（面）车站站厅发生火灾时，根据火势大小开启站厅火灾模式，启动站厅排烟模式。

（2）在综合监控系统上执行站台（厅）火灾模式时，正常情况下相关设备的表现：垂直电梯停在疏散层并停止运行；进站扶梯停止运行，出站扶梯继续运行；闸机紧急释放；乘客信息系统自动显示火灾信息；广播系统播放紧急广播；地下（面）车站站台（厅）排烟风

机启动，送风风机停止或部分送风风机转为排烟模式；门禁系统自动释放；自动售票机、自动充值机停止服务。

（3）车站紧急疏散时，尽可能稳定乘客情绪，要特别关注老、幼、病、残、孕等人士，防止发生踩踏等次生灾害事故。

2. 处理要点

站厅和站台都属于车站公共区域，发生火灾时处理步骤基本一致。下面以站台发生火灾为例，说明具体的处理要点。

（1）发现火灾

现场周边工作人员必须立即疏散事发区域乘客，向车控室报告，使用灭火器材尝试灭火。

（2）火灾信息确认

值班站长（行车值班员）接到或发现站台火灾信息后，立即安排人员到现场确认是否发生火灾、火势是否可控、是否有人员受伤，或向报告的工作人员询问有关情况。如果事态特征明显（如有浓烟和火苗），立即启动火灾应急处置程序。环控调度员接到防灾报警系统火灾报警信息后，立即与事发车站联系，确认有关情况。

（3）火灾报告

车站人员视火势大小、事态特征，初步判断人员受伤程度，决定是否报119、120。

（4）确认发生火灾后的行动原则

1）发现火灾处于初起阶段，允许“先处置，后报告”，合理选用车站配备的消防器材，尽可能将火灾遏制在初起阶段。

2）火势较小时，行动顺序原则上为：疏散周边乘客→现场扑救→在综合监控系统上执行火灾模式→视火势大小，初步判断火灾原因、扑救成效，决定是否报119、120。

3）火势较大时，行动顺序原则上为：车站紧急疏散→尝试灭火→报119，视需要报120。

4）环控调度员远程确认排烟模式是否启动，视情况通知地下（面）车站必须先打开站台屏蔽门边门，按站台火灾模式开启相应设备。环控调度员无法在中央综合监控系统上操作开启隧道风机时，应通知车站在综合监控系统上操作开启。

（5）火灾处理

驻站机电人员接到火灾信息后，立即到车控室或着火点处理：确认排烟设备是否启动，如果未启动，立即到现场启动；确定是否为电气火灾或是否需要切断设备电源，并采取相应行动；配合车站的疏散和灭火行动。

（6）疏散原则

1）火灾区域有限时，引导乘客从未受影响区域疏散至站外。

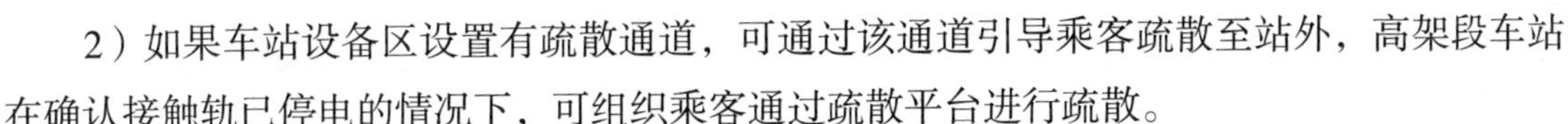

2）如果车站设备区设置有疏散通道，可通过该通道引导乘客疏散至站外，高架段车站在确认接触轨已停电的情况下，可组织乘客通过疏散平台进行疏散。

（7）行车组织

1）发生火灾时，立即组织列车小交路运行，禁止列车进入事发车站，进入区间的列车由行车调度员决定退回发车站或不停站通过。

2）司机接到车站或行车调度员通知后，配合车站做好乘客上车组织工作，尽快驶离车站。

3）终点站发生火灾时，行车调度员立即组织折返列车尽快驶离车站。

3. 行动指引

站台发生火灾时，运营单位各岗位应配合联动，共同完成事件的应急处置。由于不同运营单位的岗位设置和职责不尽相同，表 6–4 以某城市轨道交通运营企业为例，介绍站台火灾时相关岗位行动指引。

表 6–4　站台火灾时相关岗位行动指引

岗位	行动指引
站台岗	1. 应现场确认并报告车控室火灾位置、大小、性质等，第一时间组织乘客往另外一端或站厅疏散 2. 尝试灭火，确认火灾不可扑救后，立即组织站台乘客向站外疏散，确认站台乘客疏散完毕后报车控室 3. 听从值班站长安排，组织乘客疏散
巡视岗	1. 接到执行火灾应急处理程序的通知后，确认车站自动扶梯、垂直电梯的运行状态（进站自动扶梯已关闭、垂直电梯停在疏散层并停止运行）并汇报情况 2. 到站厅 A 端出入口拦截进站乘客并汇报情况 3. 听从值班站长安排，疏导乘客出站
售票岗	1. 接到执行火灾应急处理程序的通知后，收好钱和票，关闭客户服务中心电源，在站厅边门组织乘客疏散 2. 打开站厅边门，利用手提广播到站厅 B 端拦截进站乘客并做好解释工作 3. 听从值班站长安排，疏导乘客出站 4. 确认站厅乘客全部疏散出站后报车控室
支援岗	1. 支援人员原则上从就近的车站派出（前提是不影响车站正常运营） 2. 听从值班站长安排，疏导乘客出站
客运值班员	1. 接到执行火灾应急处理程序的通知后，立即在站厅确认火灾模式执行情况，并报车控室 2. 组织车站乘客疏散工作，确认乘客全部疏散出站后报车控室 3. 听从值班站长安排 4. 火灾处理完毕后，做好恢复运营工作

续表

岗位	行动指引
行车值班员	1. 收到火警信息后，通知人员到报警点确认火警，并将情况报告值班站长 2. 发生火灾后，确认综合监控系统是否自动执行火灾模式（如果系统未自动执行，可在综合监控系统人工执行火灾模式），并报运营控制中心和地铁公安部门 3. 及时将乘客疏散和灭火情况报告行车调度员，并与行车调度员、值班站长保持联系 4. 设备执行状态：通过综合监控系统及综合后备盘确认电梯、闸机、自动售票机、广播等是否是紧急模式，并使用监控系统对站内设备执行情况进行确认。对未执行到位的设备，应安排专业人员手动操作并向值班站长汇报 5. 通过监控系统时刻关注车站动态 6. 火灾处理完毕后，做好恢复运营工作
值班站长	1. 接到行车值班员通知后，立即到现场确认火势大小、火灾区域、火灾性质（电气火灾、危化品火灾、人为纵火等）、人员伤亡情况、是否影响行车等，并及时通知行车值班员，担任事件处理主任，组织并指挥现场事故处理 2. 火势可控时 （1）组织相关岗位人员立即疏散周边乘客 （2）在确保灭火人员人身安全的情况下，组织人员灭火（如果是电气火灾或即将波及带电设备时，应尝试切断相应设备电源或通知机电人员），视需要要求行车值班员启动火灾排烟模式，视火势大小、火灾原因、扑救成效、是否有人员受伤，决定是否报 119、120 3. 火势不可控时 （1）下达车站紧急疏散命令，组织各岗位进行车站紧急疏散（注意电梯内是否有人员被困），安排人员赶往司机立岗处，及时将情况和需要配合的工作通知司机。如果刚好有列车到站，立即安排人员与司机组织站台乘客上车，尽快驶离事发车站。确认乘客疏散结果和是否开启排烟模式 （2）安排人员到出入口引导救援人员 （3）如果有人员受伤或窒息，安排具备急救员资格的人员对其实施抢救 （4）乘客疏散完毕后，如果火势较大，组织车站人员撤离 4. 火灾扑灭后，组织各岗位对站内各项设备的功能进行测试，按行车调度员指示恢复正常运营
行车调度员	1. 确认火点、火情及伤亡情况并报告运营控制中心主任 2. 按运营控制中心主任宣布的应急处理方案要求火灾车站紧急疏散乘客，通报各站并扣停接近列车，组织退回发车站 3. 通知火灾车站停止对外服务 4. 如果来不及扣停列车，则组织列车退回发车站或限速不停站通过火灾车站 5. 按照运营控制中心主任要求，任命车站值班站长（或站长）担任事件处理主任 6. 必要时通知电力调度员度停止向该区域供电 7. 通报火情，要求车站执行火灾模式 8. 火灾扑灭后，组织事发车站确认相关设备是否正常，做好恢复正常运营工作

续表

岗位	行动指引
电力调度员	1. 通知变电所值班员车站火灾情况 2. 注意监视火灾车站变电所设备的运行情况 3. 在需要时，可根据行车调度要求，切断相关的牵引电源 4. 确保配电变压器正常运行 5. 协助运营控制中心主任进行通报工作 6. 事故处理完毕，通知相关人员检查设备运行情况。根据行车调度员通知，恢复相关的牵引供电
环控调度员	1. 确认着火车站及着火具体位置，并立即通报运营控制中心主任及行车调度员 2. 如果是地下车站，必须确认车站已经打开屏蔽门边门 3. 通知车站按站台火灾模式开启相应设备。隧道通风系统未实现联动功能时，必须手动开启隧道风机协助排烟 4. 通知维修调度员派人立即到事故车站协助救灾 5. 随时与事故车站保持联系，及时掌握现场情况，并通报运营控制中心主任 6. 灭火后，确认设备受损情况，并要求维修调度员派人抢修设备
信息调度员	1. 向有关岗位收集事件的概况，向领导、轨道交通指挥中心（TCC）等相关接口单位通报有关故障信息 2. 向车站通报火灾信息 3. 跟进事件处理情况，向领导、轨道交通指挥中心等相关接口单位通报运营控制中心采取的应急措施 4. 故障恢复后，及时向相关部门发布运营恢复信息 5. 协助运营控制中心主任收集有关事故信息，做好总结
运营控制中心主任	1. 确认发生火灾的信息后，向各调度员宣布执行站台火灾处理模式 2. 向各调度员下达列车调整运行的决策，并要求行车调度员任命事件处理主任 3. 向值班领导及各待令人员通报事件信息，组织信息调度员向轨道交通指挥中心及相关对口单位通报事件信息 4. 按规定进行通报，视情况启动应急公共交通接驳预案 5. 确认现场的灭火及抢救处理情况，跟进事件变化 6. 灭火后组织各调度员做好恢复运营工作，确认事件影响情况

二、车站水淹应急处置

1. 关键步骤

检查可能造成车站水灾（水淹）的原因，主要包括：

（1）地面积水从出入口、站外电梯井道、风亭、施工遗留孔洞灌入车站。

（2）站内消防水管、空调水管、排污管漏水，采光天窗、土建结构大量渗漏水等。

2. 处理要点

（1）站外水害处理要点

1）防范站外积水灌入车站的处理要点为：站外堵截，尽最大力量将灌入车站的水控制在站内出入口局部区域，保证设备区、站台不受影响。

2）车务部门根据车站周边地形、历史最高水位、以往车站水害情况向物资部门申请常备足量的防洪沙袋，维修部门应在重点车站常备水泵，并均处于良好状态。

3）车站可视出入口地面积水或渗漏水情况，关闭相关的出入口、自动扶梯、电梯。

4）台风蓝色、暴雨黄色及以上预警生效期间，车站必须加强对出入口、风亭的巡查。根据地面积水水位上涨情况，及时对受到威胁的出入口、站外电梯房、风亭采取放置防洪沙袋、设置防洪挡板、疏通排水通道等措施，并报运营控制中心。

5）当地面积水水位持续上涨，情况危急时，运营控制中心应立即报企业领导并组织各部门抢险救援，必要时可使用工程车辆运送抢险物资。在全力加强站外堵截措施的同时，以尽可能将水害控制在站台层局部区域为标准，立即在站内出入口设置后续拦截措施，并封堵设备区通道，必要时切断可能遭受水淹设备的电源，关闭相应车站。

（2）站内管道漏水处理要点

1）发现站内消防水管、空调水管、排污管漏水时，车站应立即报告运营控制中心和电动机控制中心，运营控制中心、车站采取如下措施：

①消防水管漏水时，环控调度员应关闭车站进水电动阀门和区间消防电动蝶阀。原则上由维修专业人员及时关闭相应区域的消防蝶阀、市政进水手动阀门和区间消防水管手动阀门。在维修部专业（抢修）人员未到现场处理前，由车站人员关闭相应阀门，防止事故扩大。

②空调水管漏水时，环控调度员应关闭冷水机组。在停止冷水系统运行后，关闭重要设备房新风系统。环控调度员、车站要留意车站公共区和重要设备房的温度变化情况，调整环控系统运行方式或通知维修人员采取相应措施。

③排污管漏水时，环控调度员应关停水泵，并通知维修人员现场确认、处理。

2）站厅层设备区发生管道漏水时，车站必须及时报运营控制中心或通知电动机控制中心查明漏水情况并及时处理。

3）设备房有积水时，首先进入现场的人员必须穿戴绝缘靴、绝缘手套等绝缘防护用品后方可进入现场查看情况。一旦发现设备被淹，应立即报运营控制中心、车站或直接通知设备管理责任部门确认相关设备是否已停电，确认无触电危险后方可进入。

3. 行动指引

车站发生水淹事件时，运营单位各岗位应配合联动，共同完成事件的应急处置。表 6–5 以某城市轨道交通运营企业为例，介绍车站水淹时相关岗位行动指引。

表 6–5　　车站水淹时相关岗位行动指引

岗位	行动指引
运营控制中心主任	1. 接行车调度员报告后，立即向各调度岗位宣布启动车站水灾（水淹）应急处理程序 2. 指示信息调度员按规定发布信息 3. 组织、协调抢修工作 4. 协调各岗位工作，向各岗位提供支援
行车调度员	1. 接到车站水灾（水淹）的报告后，应了解清楚水灾原因和影响程度，同时向运营控制中心主任及电力调度员、环控调度员通报，同时通知车辆段控制中心（DCC） 2. 加强与车站及应急救援队的联系，掌握抢险进展情况 3. 接到车站关站的报告后，通报各站和各次列车司机，并调整列车运行 4. 如果车站水灾（水淹）影响轨行区线路，则按线路积水（区间水淹）应急处理程序执行
电力调度员	1. 监控电力设备的运行 2. 如果站厅层设备区发生管道漏水，必须通知供电及相关专业人员查明是否对下层供电设备产生影响
环控调度员	1. 加强对车站集水坑水位和排水泵运行情况的监控 2. 如果消防水管漏水：远程关闭消防电动蝶阀，并通知维修人员或车站关闭市政进水手动阀门和区间消防水管手动阀门 3. 如果空调水管漏水：与车站确认关闭冷水机组；冷水系统停止运行后，留意车站公共区及重要设备房的温湿度变化情况，必要时调整环控系统运行方式或通知维修人员采取相应措施 4. 如果排污管漏水：根据车站报告，远程关停相应的水泵，并通知机电人员现场确认、处理 5. 如果站厅层设备区发生管道漏水，通知供电及相关专业人员查明是否对下层设备产生影响 6. 加强与车站及应急救援队的联系，掌握抢险进展情况 7. 抢险结束后，及时组织恢复设备正常运行
行车值班员	1. 及时向运营控制中心汇报事件信息和应急处理情况 2. 根据值班站长安排或现场情况，及时通知供电及相关专业人员和驻站维修人员，根据调度人员指示，协作关闭相应设备或进行应急防护 3. 确认相关排水泵工作状态 4. 按行车调度员指令做好行车组织工作 5. 做好车站客户服务广播工作
值班站长	1. 恶劣天气期间 （1）按时组织车站人员对出入口、站外电梯房、风亭等重点进行调查，地面积水威胁车站安全时，组织员工使用防洪挡板、沙袋等进行站外堵截，疏通排水管道，请求邻站支援，通知驻站维修人员 （2）视影响情况，关闭自动扶梯、电梯、出入口，引导乘客从未受影响的出入口进出车站 （3）站外积水持续上涨，情况危急时，立即组织在站内出入口下方设置后续拦截措施，打开站内截水沟盖板，并封堵设备区通道，必要时切断可能遭受水淹的自动扶梯、电梯等设备电源 （4）维修抢险人员赶到现场后，组织车务人员配合抢险行动 （5）站外积水大量进入到站厅时，停止车站服务，担任前期事件处理主任

续表

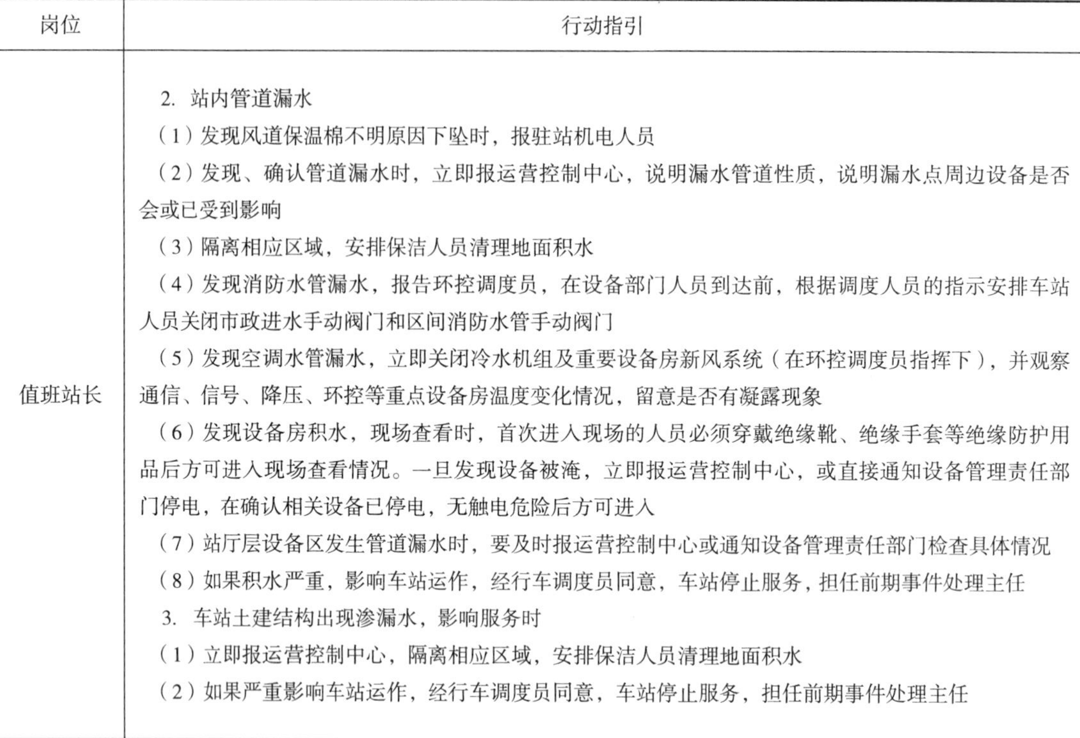

岗位	行动指引
值班站长	2. 站内管道漏水 （1）发现风道保温棉不明原因下坠时，报驻站机电人员 （2）发现、确认管道漏水时，立即报运营控制中心，说明漏水管道性质，说明漏水点周边设备是否会或已受到影响 （3）隔离相应区域，安排保洁人员清理地面积水 （4）发现消防水管漏水，报告环控调度员，在设备部门人员到达前，根据调度人员的指示安排车站人员关闭市政进水手动阀门和区间消防水管手动阀门 （5）发现空调水管漏水，立即关闭冷水机组及重要设备房新风系统（在环控调度员指挥下），并观察通信、信号、降压、环控等重点设备房温度变化情况，留意是否有凝露现象 （6）发现设备房积水，现场查看时，首次进入现场的人员必须穿戴绝缘靴、绝缘手套等绝缘防护用品后方可进入现场查看情况。一旦发现设备被淹，立即报运营控制中心，或直接通知设备管理责任部门停电，在确认相关设备已停电，无触电危险后方可进入 （7）站厅层设备区发生管道漏水时，要及时报运营控制中心或通知设备管理责任部门检查具体情况 （8）如果积水严重，影响车站运作，经行车调度员同意，车站停止服务，担任前期事件处理主任 3. 车站土建结构出现渗漏水，影响服务时 （1）立即报运营控制中心，隔离相应区域，安排保洁人员清理地面积水 （2）如果严重影响车站运作，经行车调度员同意，车站停止服务，担任前期事件处理主任

三、车站大面积停电应急处置

1. 关键步骤

（1）报告行车调度员，广播安抚乘客“不要惊慌，听从工作人员指引”，并检查垂直电梯是否困人。

（2）原则上在停电 30 min 内，行车调度员维持原有列车运行，车站引导乘客只出不进。

（3）停电超过 30 min 后，行车调度员组织列车越站，车站关站并做好乘客服务。

（4）运营控制中心和线网相关车站做好信息发布工作。

（5）车站人员在楼梯、扶梯或光线不足处放置应急灯并引导疏散乘客出站。

（6）关站时检查垂直电梯是否困人。

2. 处理要点

（1）站台岗、巡视岗

1）收到执行大面积停电应急处理程序的通知后，立即赶到站台疏散乘客出站。

2）确认站台疏散完毕后，报车控室并到站厅协助疏散。

3）完成疏散并检查垂直电梯是否困人后，与车控室保持联系，负责巡视站台。

4）接到恢复供电的通知后，检查站台扶梯、屏蔽门等设备设施情况和线路情况，报车控室。

5）接到恢复运营的通知后，恢复正常工作。

（2）售票员

1）收到执行大面积停电应急疏散处理程序的通知后，收好票款和车票，锁好车门，打开闸机门和边门，利用手提广播系统在楼梯、扶梯或光线不足处等关键位置引导乘客疏散。

2）携带应急灯（或手电筒）在楼梯、扶梯或光线不足处等关键位置引导疏散乘客出站。

3）确认站内乘客疏散完后，协助客运值班员关闭各出入口，并张贴停止服务的告示。

4）与车控室保持联系，负责巡视各出入口并做好解释。

5）收到恢复供电的通知后，检查自动售检票设备、各种服务设备设施是否正常，关闭边门，并报车控室。

6）接到恢复运营的通知后，撤除停止服务的告示，打开出入口，引导乘客进站。

3. 行动指引

车站发生大面积停电事件时，各岗位应配合联动，共同完成事件的应急处置。表 6–6 以某城市轨道交通运营企业为例，介绍车站大面积停电时相关岗位行动指引。

表 6–6　车站大面积停电时相关岗位行动指引

岗位	行动指引
行车值班员	1. 报行车调度员，通知值班站长、车站工作人员和公安部门 2. 向行车调度员了解停电的原因及恢复时间 3. 接到行车调度员发布大面积停电、列车停运、车站关闭的命令后，立即通知值班站长 4. 广播宣布执行大面积停电疏散应急处理程序，反复广播指引乘客疏散 5. 确认站内乘客疏散完毕后报行车调度员 6. 接到恢复供电的通知后，通知各类岗位做好恢复运行的准备 7. 检查车控室设备情况，向行车调度员汇报车站运营准备工作，并向行车调度员了解列车运行恢复情况，报值班站长
值班站长	1. 确认大面积停电情况 2. 通知行车值班员广播宣布执行大面积停电应急处理程序 3. 带应急灯（或手电筒）到站台指挥疏散，确认站台乘客疏散后到站厅确认疏散情况 4. 确认全站乘客疏散完后报车控室 5. 组织关闭各出入口，安排人员检查电梯是否困人，做好车站巡视 6. 到车控室收集各岗位处理情况，做好停运安排 7. 接到供电恢复的通知后，指挥大家做好恢复运营的准备 8. 接到恢复运营的通知后，确认车站投入正常运作

续表

岗位	行动指引
客运值班员	1. 收到执行大面积停电应急处理程序的通知后，赶到车控室，协助行车值班员 2. 组织巡视岗到出入口张贴停止服务的告示，关闭出入口 3. 与车控室保持联系，负责巡视出入口并做好解释 4. 收到恢复供电的通知后，检查自动售检票设备、各种服务设备设施是否正常，并报车控室 5. 接到恢复运营的通知后，组织撤除公告，打开出入口
售票员	1. 收到执行大面积停电应急疏散处理程序的通知后，打开闸机门和边门 2. 带应急灯（或手电筒）在楼梯、扶梯或光线不足处等关键位置引导疏散乘客出站 3. 确认站内乘客疏散完后，协助客运值班员关闭各出入口，并张贴停止服务的告示 4. 与车控室保持联系，负责巡视各出入口并做好解释 5. 收到恢复供电的通知后，检查自动售检票设备、各种服务设备设施是否正常，关闭边门并报车控室 6. 接到恢复运营的通知后，撤除停止服务的告示，打开出入口，引导乘客进站
站台岗、巡视岗	1. 收到执行大面积停电应急处理程序的通知后，立即赶到站台疏散站台乘客出站 2. 确认站台疏散完后，报车控室，到站厅协助疏散 3. 完成疏散、检查垂直电梯是否困人后，与车控室保持联系，负责巡视站台 4. 接到恢复供电的通知后，检查站台扶梯、屏蔽门等设备设施情况和线路情况，报车控室 5. 接到恢复运营的通知后，恢复正常运作
司机	接行车调度员命令越站运行时执行

四、车站其他突发事件的应急处置

除车站公共区域火灾、车站水淹和车站大面积停电外，车站可能出现的突发事件还包括恶劣天气、疾病防疫、地外设施影响列车运营等发生概率较小的事件，此外还有可能发生车站或列车严重治安事件、恐怖袭击类事件等。

在发生这类事件后，城市轨道交通车站人员也要按照不同的预案配合联动、应急处置，尽量减少事件对运营秩序的影响。

1. 恶劣天气或自然灾害的应急处置

对城市轨道交通的运营秩序可能造成不良影响的恶劣天气或自然灾害主要包括强风、雷击、暴雨、冰雪、大雾、高温、地震等。

当城市轨道交通运营中出现恶劣天气或自然灾害时，运营指挥人员应控制事故区域，快速处置，尽快恢复、减少影响，最大限度地减少人员伤亡和财产损失，保证正常运营。相关人员应及时做好信息通报，内容主要包括事故发生时间和地点、影响程度、已采取的措施、后续跟进措施及事故处理的进展等。

（1）发生地震时的应急处置

地震灾害发生后的应急处置工作应遵循高度集中、统一指挥的原则。

各单位、各部门要听从指挥和分工，各司其职，各负其责，在具体工作中要抓住主要矛盾，做到先全面、后局部，先救人、后救物，先抢救通信、供电等要害部位，后抢救一般设施。

发生地震灾害后，运营控制中心应根据各站上报的震情及时进行汇总，做出准确判断，报有关领导决策；同时发布局部或全线停运命令，安排疏散乘客、救援遇险列车、抢修设备等事宜。

由于通信、供电等原因，运营控制中心无法指挥时，各站长、值班站长有责任担任指挥和做好自救工作。在地震结束后，运营指挥人员应根据需要和设备损坏情况，在确保安全的情况下尽快开通线路，恢复局部线路运营。

（2）发生洪水和暴雨导致区间线路出现积水时的应急处置

发生洪水和暴雨导致区间线路出现积水时，运营控制中心要随时了解积水情况和列车运营状况，通知各部门启动暴雨预案，做好防暴雨工作，必要时向车站发布相关的运营服务信息。

接到险情报告后，值班主任要及时通知各部门，根据情况要求派出抢险队，通知受影响的车站做好乘客服务工作，必要时下令关闭不具备安全运营条件的车站。行车调度员要组织具备运营条件的区段维持运营。必要时，还要通知公交接驳严重堵塞区段的乘客。

（3）地面、高架线路出现大雾天气时的应急处置

地面、高架线路出现大雾天气时，行车调度员要随时了解雾情和列车运营状况，值班主任通知各部门启动大雾气候预案。必要时行车调度员要向车站、司机发布相关的运营服务信息，如变更列车驾驶模式、限制列车速度等。

接到险情报告后，值班主任要及时通知各部门，根据情况要求派出抢险队，行车调度员要通知受影响的车站做好乘客服务工作，必要时下令关闭不具备安全运营条件的车站。同时，行车调度员还要组织具备运行条件的区段维持运营。

（4）出现强风天气时的应急处置

如果出现强风天气，必要时值班主任向主管领导汇报，请求下令停止地面车站运营服务，组织具备运行条件的区间维持运营。行车调度员要向车站发布相关的运营服务信息，通知受影响的车站做好乘客服务工作。

若发现险情或接到险情报告，值班主任要及时通知各部门，根据情况要求派出抢险队，安全组织运营。

（5）冬季线路出现积雪时的应急处置

冬季线路出现积雪时，行车调度员要随时了解积雪情况和列车运营状况，通知各部门启动冰雪天气预案，做好运营前的准备工作。必要时，行车调度员向车站、司机发布相关的运营服务信息，如变更驾驶模式、限制列车速度等。

接到险情报告后，值班主任要及时通知各部门，根据情况决定是否派出抢险队。行车调度员要通知受影响的车站做好乘客服务工作，必要时下令关闭不具备安全运营条件的车站，组织具备运行条件的区段维持运营。必要时，还要通知公交接驳严重堵塞区段的乘客。

（6）出现高温天气时的应急处置

出现高温天气时，行车调度员要随时了解高温变化情况，通知各站做好防高温、防火灾工作，必要时向车站发布相关的运营服务信息。

值班主任要及时通知各部门，根据情况要求派出抢险队。电力调度员要密切注意高温对接触网的影响，通知各车站和主变电所、牵引变电所值班人员做好防高温、防火灾的措施。必要时，综合调度员要组织人员加强对线路的检查，防止出现钢轨胀轨的现象。

2. 发生疾病防疫事件的应急处置

当出现疾病防疫事件时，运营控制中心要尽可能及时、有效地控制发生在城市轨道交通范围内的传播，维护地铁车站和列车的正常运营秩序，保障乘客和职工的人身安全。发生疾病防疫事件后的应急处置步骤及要点主要包括：

（1）当车站、列车发现乘客疑似重大疫情后，应立即通知值班站长，列车司机报告运营控制中心。

（2）值班站长接报后，立即赶赴现场，了解事件简要情况，指令车站值班员速报运营控制中心、站务中心，并报急救中心。

（3）车站值班员通过对讲机、电话等保持与运营控制中心、值班站长的联系，并利用闭路电视监控关注事态发展，记录有关事项。

（4）客运值班员按照值班站长指示，引导急救人员到达现场。急救人员到达现场后，车站工作人员做好相应的配合工作。

（5）安保部门与当地疾病预防控制部门联系，报告事情简要经过，初步确定防疫措施。

（6）运营控制中心按照防疫措施要求调整环控模式。

（7）站务中心设立车站应急隔离房，作为疑似重大疫情患者的临时休息用房，房间内不设通风系统。

（8）如果当地疾病预防控制部门确认车站发生疑似重大疫情，应组织事发车站当班工作人员及乘客进行隔离检查。

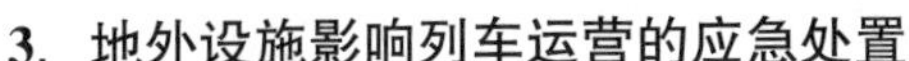

3. 地外设施影响列车运营的应急处置

地外设施影响运营的事件是指城市轨道交通建筑限界以外属于外部单位所有的设施，由于各种原因产生位移而侵入城市轨道交通建筑或设备限界，造成或可能造成设施设备损坏，进而影响列车正常运行的事件。

当地外设施侵入城市轨道交通限界，应遵循“先通后复”的原则，启动应急预案，尽量减少对列车运营秩序的影响。

第三节　危 机 处 理

作为公共服务型行业，城市轨道交通是城市公共交通服务的提供者之一，有着区别于一般产品或企业的特殊性。在一定程度上，公众不可避免地对城市轨道交通的期望值较高。

一、危机处理概述

随着城市发展和城市轨道交通线网规模的拓展，以及居民出行习惯的变化，城市轨道交通与城市居民的关系更趋紧密，可能面临的危机风险也会随之上升和变得更加复杂。

1. 运营危机的特性

运营危机是使企业遭受严重损失或面临严重损失威胁的突发事件，这种突发事件在很短时间内波及较广的社会层面，对企业或品牌产生恶劣影响。这种突发的紧急事件具有不确定的后果，会给企业带来压力，具备以下主要特性。

（1）突发性：出乎决策者意料之外。

（2）破坏性：对社会或组织的生存和发展构成威胁。

（3）紧迫性：应对和处理行为具有很强的时间限制。

（4）公众性：影响公众的利益，公众舆论高度关注。

2. 运营危机的类型

根据危机的起因与性质不同，可把城市轨道交通运营危机分为三类。

（1）突发事件

突发事件通常由主体引发。例如，运营单位由于管理混乱、决策失误，可能成为公众关注的焦点，引发媒体和公众的质询和批评。典型的突发事件包括列车延误、设备故障、突发大客流、票务政策受质疑等。

（2）敌对事件

敌对事件通常由客体引发。例如，由于客体人为的主观行为带来种种危害，直接引发公关危机。典型的敌对事件包括乘客故意跳轨、在车站或列车上劫持人质等。

（3）灾难事件

灾难事件很大程度上由自然因素、不可抗力或社会群体不当行为所引发，容易引起群体伤亡和造成巨额经济损失，甚至对社会的稳定造成重大的影响。典型的灾难事件包括台风、地震、罢工、恐怖袭击等。

3. 危机处理的构成要素

危机处理的构成要素包括危机预警系统、危机工作组织机构、危机处理应急预案、新闻发言人制度和品牌形象恢复。

（1）危机预警系统

危机预警系统对可能发生的危机进行动态监测，是整个危机管理过程的第一个环节。在危机预警与准备阶段，城市轨道交通运营单位应开通各种信息渠道，及时收集有可能影响正常运营的信息，为下一步信息处理、利用和危机管理决策提供信息支持。

（2）危机工作组织机构

危机工作组织机构可为日常机构或临时机构。日常机构负责危机管理规章制度的制定和危机源的监测。临时机构组建于危机事件发生后，是按照事件的类型、规模和管理需要迅速组成的危机事件指挥系统，对危机应对进行指挥。

（3）危机处理应急预案

根据事件的危害程度进行定量分析，同时对危机预警与救援相关的资源进行评估和认证，分别编制应急处置方案和沟通方案。

（4）新闻发言人制度

新闻发言人是组织、媒体和公众之间的桥梁。在危机发生时，通过新闻发言人这种直观、人性化的方式，向媒体和公众传达事件的及时信息、组织的态度、采取的措施和解决的程度，保障公众的知情权，缓和公众的紧张情绪，取得公众的理解和支持，可以有效地调节公共关系，树立负责任的良好形象。

（5）品牌形象恢复

品牌形象恢复是指进行危机事后评估，从危机中总结、修正与反馈，为下一次危机应对做准备，并深入、有针对性地研究策划公关方案，与相关利益团体进行有效沟通，恢复企业公信力和形象。

二、危机处理方法

1. 危机处理的原则

城市轨道交通运营单位在进行危机公关时，应遵循以下原则：

（1）以人为本原则

社会利益高于经济利益。城市轨道交通运营单位的一切服务工作以乘客利益为出发点，

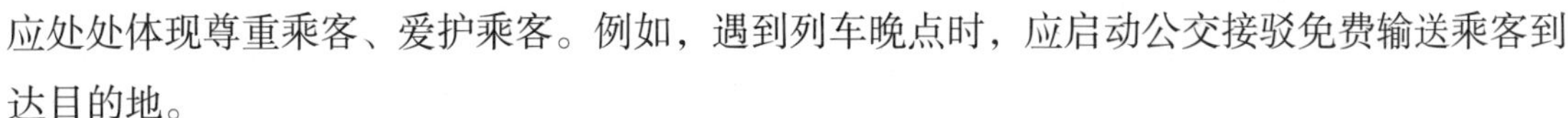

应处处体现尊重乘客、爱护乘客。例如，遇到列车晚点时，应启动公交接驳免费输送乘客到达目的地。

（2）预防为主原则

贯彻预防为主、防救结合的原则，重点做好日常安全保障工作。准备备用电源，防止停电事件的发生。在列车、车站、主变电站、运营控制中心和车辆段等重点防范部位安装监控设备，制定防爆措施。

（3）时效性原则

危机来临时，运营单位必须当机立断，快速反应，果断行动，及时与媒体和公众进行沟通，迅速控制事态，避免扩大危机范围，甚至可能失去对全局的控制。

（4）诚实原则

在事件发生后的第一时间，运营单位应向公众说明情况并致以歉意，从而体现勇于承担责任、对公众负责的态度，赢得公众的同情和理解，要以诚恳、诚实的态度关心受损失的乘客或利益相关群体，清晰地陈述事件的基本情况。

（5）统一领导、分级负责原则

根据危机预警系统中危机事件的应对级别，由危机管理小组主席或组长统一指挥、调度和协助，各级部门各司其职，各方联动，共同应对不同级别的危机。

2. 提高危机处理能力的措施

城市轨道交通运营单位对可能或已经对城市轨道交通形象和品牌声誉造成潜在或实际威胁，或影响城市轨道交通正常运营的事件，应积极防御、迅速反应、有效处置、转危为机，具体措施有以下几点。

（1）识别和划分高危级别

将高危级别按照可能发生的轻重缓急加以排序后制订相应的行动方案，有效利用资源进行危机管理。另外，危机具有不确定性，发生后还可能升级，划分危机等级还能为危机处理保留一定的弹性。

（2）加强危机应对演习和培训

开展危机应对演习和培训可提高相关人员参与危机管理时的应对能力，提高其对突发事件的熟悉程度，增强危机处理的信心，增加对潜在突发事件的警惕性，丰富处理突发事件的经验。

（3）改善沟通和信息发布机制

随着信息传播渠道的多元化发展，运营单位应该通过各种传播媒介改善对外沟通，优化信息发布机制，有针对性地发布权威信息。在危机现场，车站管理人员作为第一责任人、第一新闻人，“该说什么、不该说什么，怎么说”需要培训和规范。

（4）加强规划和维护媒体公关

与新闻媒体建立良好的合作关系是开展危机沟通的重要基础之一。运营单位可以选择最佳媒介模式进行信息传播，与媒体人员建立良好的互动关系，还应充分利用各类媒体，积极主动地展示企业正面形象，在媒体和市民心目中树立良好的企业形象，赢得社会舆论支持。

（5）建立外部专家资源库

建立外部专家资源库，拓展外部专家资源渠道，寻求专家的技术支持，可填补知识的空白，更易取得公众信任。建立外部专家资源库还可以发挥其危机预警的辅助决策功能，帮助城市轨道交通运营企业制订并完善危机应对预案。

（6）完善危机事件事后评估机制

危机得到处理和控制并不意味着危机管理过程已经结束，危机的善后处理机制也是危机公关管理机制的一个重要部分。运营单位不仅要对重大危机事件进行事后总结，也要对一般事件开展有效评估，系统地总结经验，为下一次危机的应对做准备。

三、危机处理典型案例

案例 1：某城市轨道交通运营企业家属免票事件

（1）案例回顾

2005 年 12 月，某城市轨道交通运营企业就即将投入运营的三号线票价问题举行听证会，原本非常普通的一场价格听证会，却因市民代表提出的一个尖锐问题和企业方面“极富想象力”的回应而引起媒体和公众的广泛关注，也令该企业及其负责人卷入舆论漩涡。

在听证会上，有市民代表提出，地铁公司除了政府规定的票价优惠政策以外，对本公司员工另有福利，每个员工有 3 名直系亲属的名额可以免票。

该企业共有员工 6 000 余名。这样算来就有 18 000 余名直系亲属可以享受免费乘坐地铁的待遇。该代表问到：“企业员工因为工作当然免单，可 18 000 名直系亲属免费乘车也是保证地铁正常运营所需的成本吗？”

企业负责人回应：“众所周知，目前国际恐怖势力猖獗，地铁又是恐怖分子的重点袭击对象，所以必须加强地铁车站、站台、车厢内的反恐力度，企业员工的力量毕竟有限，而企业又希望每趟列车在碰到任何情况时都有人能够及时地指导救援，那这些家属就义不容辞地担负起了义务安全员的重要职责。”

不鸣则已，一鸣惊人。该企业负责人的“反恐论”一出，民众哗然，更迅速成为媒体追逐评论的焦点。在巨大的舆论压力面前，该企业决定从 12 月 16 日起取消家属免票福利，实行了 9 年之久的员工家属坐地铁免费的政策正式取消。事情本身虽告一段落，但却成为相当长一段时期内社会公众的笑料。

（2）案例评析

有目共睹的是，近年来城市轨道交通行业的高速发展在很大程度上改善了城市交通布局，方便了市民出行。但在危机应对上，该企业负责人的表现却不尽如人意，不仅缺乏价格听证会前的充足准备，更重要的是违背诚实原则。企业员工家属免费乘车明明是一种不正常现象，却非要冠冕堂皇推出“反恐”作为挡箭牌，结果只能引来多方指责。

处于危机风波中的企业应该切记：在不能回避的问题面前，态度至上。如果确实存在自身失误及疏漏，企业高层需要向媒体和公众进行回应和答复时，不能推辞，只有表现出敢于承认错误的勇气和承担责任的态度，才能赢得公众的尊重和谅解。

案例 2：某地地铁屏蔽门夹人事件

（1）案例回顾

2007 年 7 月 15 日下午 3 时 34 分，某地轨道交通一号线 S 站下行站台上，一名青年男性乘客在上车时被夹在屏蔽门和已开动的列车之间，跌入隧道当场死亡。随后，死者母亲将城市轨道交通运营企业和屏蔽门制造商告上法庭。

该市政府新闻发言人在危机事件发生 9 天后，才出面回应说，对乘客被地铁车门和屏蔽门夹住造成的事故表示痛心。除乘客不文明乘车的因素之外，城市轨道交通运营企业也要总结教训，督促有关方面改进技术手段，防止类似事情再次发生。该企业没有就该乘客死亡事故召开新闻发布会，只是向媒体披露“死亡乘客身带毒品且血液中含有毒品成分”，并暗示事故责任主要在死者方面。信息披露后，恶评如潮，媒体和公众批评此举是故意转移视线，为自己开脱，完全缺乏社会责任感。负面舆论一波接着一波，企业方面迟迟没有对事件做出正面回应，让外界感受不到关注公众安全的诚意。

（2）案例评析

本案例可以作为危机公关管理中的负面典型。这起事故的发生，死者是存在过失行为的，并不能把责任完全归咎于企业，这一点，公众是清楚的。然而企业对此重大事故回应迟缓，并缺乏必要的、真诚的人文关怀，而且没有及时提出改善措施。最大的败笔是希望把主要责任推到死者身上，就此给事件下一个定论。以上种种，都引起了公众的强烈不满。

事实上，如果企业此时能够理解公众对一个生命消逝的同情心理，换位思考并了解媒体和公众需要，对事件做出表态，承认存在的问题、认真整改、及时抚恤死者家属的话，舆论就不会把企业方面应负的事故责任部分无限放大，从而对企业的声誉造成严重的负面影响。

当企业运营发生客伤事件，而责任介乎企业与事故死伤者之间时，企业要避免轻率地对媒体或公众描述事故责任界定以及伤害程度鉴定，此举容易激起公众同情弱者、排斥强者的心理。

遇到此类情况，企业可以考虑采取的措施如下：一是主动向死伤者家属通报情况，同时对死伤者家属表示慰问和关怀；二是尽快收集有关事故证据，适时召开新闻发布会或媒体沟通会，介绍事故发生时的情况，对事故死伤者表示人文关怀；三是出具第三方专业机构（如安监机构或医院等）的事故责任或伤害程度鉴定报告，如果可能的话，向媒体公布事故发生时的监控录像；四是主动向媒体披露，为避免类似的意外再次发生，企业计划采取的措施，充分体现企业的专业形象。

在处理整个危机事件的过程中，城市轨道交通运营企业要做到有理有情，有礼有节。

案例 3：某地铁站乘客坠轨身亡事件

（1）案例回顾

2007 年 8 月 7 日 18 时 30 分，某地铁站发生一起乘客坠轨事故。死者是一名近 50 岁的男子，他从站台坠落在西向轨道上，被刚进站的列车撞到，当场死亡。事故导致 X 站与 B 站之间的双向列车服务中断，一直到 19 时 35 分才恢复正常。

事故发生后，该企业立刻安排免费巴士接送往返 X 站与 B 站的乘客，同时，在接下来的三个工作日期间，对因地铁服务中断而无法坐完整段车程的乘客安排退款，并安排受影响的员工接受心理辅导，协助他们消除内心的阴影，尽快返回工作岗位。

企业发言人对外表示，从 2004 年至 2006 年 10 月底，总共发生了 53 起乘客坠落轨道的事件。这类事故对企业员工心理产生了很大的冲击。尽管地铁列车撞伤坠轨乘客不是列车司机的过失，但有些司机会因此感到很内疚，责怪自己没能及时制动，避免悲剧的发生。企业把站台上闭路电视录像带交由警方调查，警方把案件列为“非自然死亡”处理。

该地区主流媒体所做的报道均属中性报道，没有对事件本身进行评论，却较大篇幅援引企业发言人发出的呼吁外界关注受此事件影响的企业员工的身心健康的呼声。或许是企业发言人的“死者长已矣，生者常戚戚”的舆论引导策略发生效力，公众对此次事故保持静默思考的心态。

（2）案例评析

在本案例中，企业发言人的表现专业，尤其在舆论导向方面。不仅主动转移媒体和公众的视线，而且公关手法娴熟巧妙。但是，企业缺乏必要的人文关怀，发出“对于此次事件，我们深表遗憾，对于死亡乘客，我们深表同情。我们再次呼吁，生命要珍惜，行为要负责”等类似的声音，在提升和巩固企业声誉方面，未能给自身充分加分。

该企业在应对乘客坠轨事件时，有如下经验可以借鉴：

第一，对于乘客身亡事件的性质，企业仅负责把站台上的监控视频交给警方调查，事故的定性权则交由警方，并由警方作为对外发布方，避免企业内部操纵的嫌疑。

第二，企业发言人避谈事件本身，却呼吁媒体和舆论关注受乘客坠轨事件影响的企业

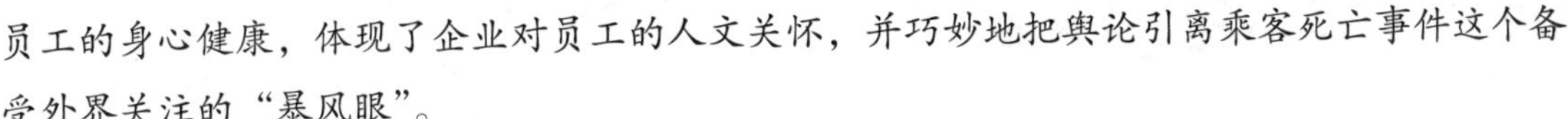

员工的身心健康，体现了企业对员工的人文关怀，并巧妙地把舆论引离乘客死亡事件这个备受外界关注的“暴风眼”。

第三，企业为了阻止乘客跳轨轻生，在软硬件方面都做出了很多的努力。在软件设施方面，三年内每年分批派遣地铁站员工到专业机构培训，学习如何察言观色，辨识哪一些人显露轻生的迹象，然后及时制止。在硬件设施方面，在所有地铁站台轨道旁放置“生命要珍惜，行为要负责”告示牌，希望能对有意轻生者起到开解作用。

第四，除该企业外，有些城市为了预防和阻止类似案例发生，也设置了一些软性设施。例如，日本有的地铁站和火车站会在站台放置镜子，让那些想轻生的人再看看镜中的自己，三思而后行；首尔有的地铁站每天轮番播放轻音乐，实施“音乐疗法”，目的是抚慰欲轻生者的心灵；加尔各答为了防止乘客轻生，在多个地铁站播放印度传统音乐，并在宣传画上写下泰戈尔的诗：“生活如此美好，我为什么要选择死亡呢？”

思考与练习

1. 突发性大客流具有哪些特性？
2. 突发性大客流组织方法包括哪几种？
3. 站台发生火灾时，处在站台岗的站务员应该如何行动？
4. 危机处理的构成要素有哪些？
5. 危机处理的原则有哪些？

第七章　客运组织分析

学习目标

- ◆ 能够列举客流调查、客流预测的常用方法，编制运输计划。
- ◆ 能够描述运输产品和运输市场的特性，分析出行者选择出行方式的影响因素。
- ◆ 能够列举城市轨道交通运营指标，分析运营成本和运营状况。

城市各类生产、生活活动所产生的人和物的空间位移必须依靠交通来实现，城市交通是城市建设、运行和管理的重要组成部分。城市轨道交通作为城市交通的一部分，其客流来源于城市，并与其他客运交通方式共享这一来源，因此，有必要在充分进行客流调查和预测的基础上，科学制订运输计划。

为了提升服务品质，增强城市轨道交通出行的吸引力，提高出行分担率，企业需要深入分析城市客运市场，掌握运输产品、运输市场的特性，响应乘客对城市轨道交通服务质量的要求，制定和实施有效的服务（产品）策略。同时，城市轨道交通运营企业作为市场经济中的主体和城市客运服务的提供者，有必要对其进行运营效果、运营成本和经济状况分析。

第一节　客流调查、预测与运输计划

城市居民出行需求尤其是公共交通出行需求的大小，是决定城市轨道交通线网规模最直接和最重要的因素。出行需求是潜在的客流，客流是可实现或已实现的出行需求。对城市轨道交通客流进行调查、预测和分析，是运营企业编制运输计划的前提。

一、客流调查和预测

在客运市场研究领域，客流调查、客流预测有比较成熟的技术方法。城市轨道交通在进行规划设计时，均要进行客流调查和预测。

1. 客流调查

为掌握客流在时间、空间上的变化规律，必须经常进行各种形式的客流调查。客流调查是一项复杂的工作，涉及调查内容、地点、时间的确定，调查表格的设计，调查设备的选用和调查方式的选择，以及调查资料的汇总整理、数据分析等多方面工作。

（1）客流调查的种类

城市轨道交通客流调查可分为全面客流调查、乘客情况抽样调查、断面客流调查、节假日客流调查。

1）全面客流调查。全面客流调查是对全线或全网客流进行的综合调查，通常也包含了乘客情况抽样调查。全面客流调查时间长、工作量大，需要配备较多调查人员，但能够全面清晰地掌握客流现状及变化规律。采用自动售检票系统后，很多以前需要全面调查的数据可以由自动售检票系统自动记录、生成。

2）乘客情况抽样调查。抽样调查是用样本近似地代替总体进行调查，有利于减少客流调查的人力、物力和时间。乘客情况抽样调查通常采用问卷方式进行，调查内容主要包括出行者特性（如性别、年龄、职业、收入等）和出行特征（如出行目的、出行距离、出行耗时和出行方式等）。

3）断面客流调查。可根据需要选择一个或几个区间断面进行调查，一般针对最大客流断面，调查人员记录车辆内的乘客数量。这是一种可以经常性开展的客流调查类型。

4）节假日客流调查。节假日客流调查是指在春节、元旦、劳动节、国庆节、双休日等节假日期间对客流进行调查，是一种专题性客流调查类型。

（2）客流调查的数据分析

客流调查阶段结束后，应对调查资料进行汇总、整理，并进行数据分析，包括乘客数量、断面客流量、乘坐站数、平均乘距、客流构成、换乘人数、平均满载率等。

（3）基于自动售检票系统的客流统计与分析

自动售检票系统是集计算机技术、信息收集和处理技术、机械制造技术于一体的自动化售票、检票系统，具有很强的智能化功能。自动售检票系统可以准确记录每位乘客的进出闸机次数、时间，通过数据分析、处理可以挖掘出相当丰富的客流数据。

城市轨道交通运营企业可以充分挖掘自动售检票系统记录的乘客出行数据，将常规客流调查作为调查客流的辅助手段，一些特别信息（如出行者特性）和多条换乘路径选择问题是自动售检票系统无法记录的。

2. 客流预测

（1）客流预测的意义

客流预测不仅是城市轨道交通规划、设计的基本依据，也是城市轨道交通运营管理的重要参考数据。对于城市轨道交通运营管理而言，如果客流预测结果偏大，实际客流不足，将造成运能浪费、运营成本不合理，需要政府财政补贴；如果预测结果偏小，实际客流过大，又会导致运营难度增加，服务质量下降。

就线网或某条线路、某个车站的客运组织工作而言，如果客流预测结果相对准确，将有利于对即将到来的大客流进行提前准备，采取有效客流控制措施，提升客运组织水平。

（2）客流预测的年限

进行城市轨道交通客流预测时，既要进行线网规划的客流预测，又要做单条线路的客流预测。

线网规划的客流预测年限原则上应与城市总体规划年限一致，可分为近期规划和远景规划。近期规划年限一般为 10 ～ 15 年，远景规划年限一般为 30 ～ 50 年。

单条线路客流预测年限以项目建成通车年为基准年，可分为初期、近期和远期。初期指线路建成通车后第 3 年，是“客流培育期”。近期为通车后第 10 年，是指第 3 ～ 10 年的“客流成长期”。远期指通车后第 25 年，是“客流成熟期”。

（3）客流预测的内容

城市轨道交通客流预测内容包括线网规划阶段客流预测和单条线路客流预测。

1）线网规划阶段客流预测。线网规划阶段客流预测又包括线网客流总量预测和线网各线路客流预测。

①线网客流总量预测。依据城市总体规划和综合交通规划，分析城市现状和规划区域起止点客流，分析并确定轨道交通远景规划线网承担的客运总量及在公共交通总量中分担的比例、平均运距、客流负荷强度等相关指标，并在全线网范围内按总量控制原则进行各线客流总量预测。

知识窗

OD 调 查

OD 调查即交通起止点调查，又称 OD 交通量调查。OD 交通量就是指起点和终点间的交通出行量。“O”来源于英文 origin，指出行的出发地点；“D”来源于英文 destination，指出行的目的地。

②线网各线路客流预测。以线网客流总量为基础，预测各条线路的全日客流（双向）总量和分段断面流量，利用全日平均运距和客流负荷强度等相关指标进行总量控制分析，并估测各条线路高峰小时单向最大断面流量。

2）单条线路客流预测。单条线路客流预测又包括线路客流预测、车站客流预测、OD 客流预测、换乘客流预测、车站出入口分向客流预测。

①线路客流预测。线路客流预测主要包括五个方面，即全日客流、分时段客流、平均运距、分级运距、客流强度。这些预测数据可用来确定设计线路的基本规模。

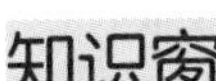

分级运距与客流强度

分级运距是全日各级运距的乘客量，可按每 2 km 分级，是研究运营成本和计程票价的重要依据。

客流强度即平均客流负荷强度，是全日客运量按线路长度分摊的指标（将全日客流分摊在全线，按万人次 /km 为单位，使不同长度的线路之间具有可比性），也是评价线网中各条线路客运效率的指标。

②车站客流预测。车站客流预测内容包括车站乘降客流、站间断面流量、超高峰系数、车站高峰客流、车站突发性客流。

③ OD 客流预测。OD 客流对行车交路设计具有重要的导向作用，包括站间 OD 和区域 OD 两方面内容。分析站间客流和区域间客流特性，有助于合理设计列车运行交路。

④换乘客流预测。换乘客流预测是对全日和高峰时段各换乘车站换乘客流量和其占车站总客流量的比重进行预测，为设计便捷的换乘路线提供依据。

⑤车站出入口分向客流预测。车站出入口分向客流预测是对各个车站出入口高峰时段的分担客流进行预测。出入口的客流量有主次之分及早、晚的不同，可以利用不均衡系数对不同高峰时段的出入口流量进行预测，合理确定出入口规模。

（4）客流预测的方法

客流预测的方法有许多种，主要包括定量预测和定性预测两大类。定量预测方法又分为时间序列客流预测（如移动平均法、指数平滑法、月度比例系数法、自回归分析法、随机时间序列预测模型法等）和因果关系客流预测（如回归预测法、引力模型法、乘车系数法等），定性预测方法中使用比较多的是德尔菲法。

知识窗

德 尔 菲 法

德尔菲法也称专家调查法，1946 年由美国兰德公司开始采用。其大致流程是针对所要预测的问题征求专家的意见，然后进行整理、归纳、统计，再匿名反馈给各专家，再次征求意见，再集中，再反馈，直至得到一致的意见。

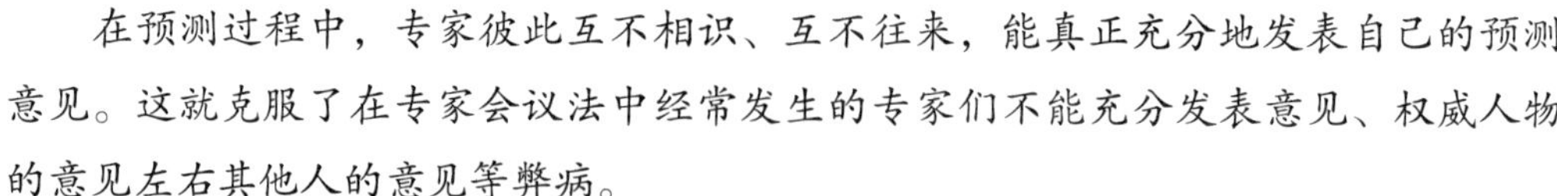

在预测过程中，专家彼此互不相识、互不往来，能真正充分地发表自己的预测意见。这就克服了在专家会议法中经常发生的专家们不能充分发表意见、权威人物的意见左右其他人的意见等弊病。

二、运输计划

编制运输计划是城市轨道交通系统运营的基础工作之一。从社会效益看，城市轨道交通应充分发挥运量大的特点，安全、准时、便捷、舒适地运送乘客；从企业经济效益看，城市轨道交通也应实现高效率、低成本。为了达到这些目标，企业需要根据客流特点，合理编制运输计划，组织列车运行。

城市轨道交通运输计划主要包括客流计划、全日行车计划、车辆配备计划和列车交路计划等内容。运输计划在保证城市轨道交通运营部门相互配合、协调运作方面发挥着重要的作用。

1. 客流计划

客流计划是指计划期间城市轨道交通线路客流的规划，是编制全日行车计划、车辆配备计划和列车交路计划的基础和依据。新线路投入运营前，客流计划根据客流预算数据编制，既有运营线路客流计划根据客流调查、客流统计数据编制。

就一条线路而言，客流计划的主要内容包括站间到发客流量、各车站分方向上下车人数、全日分时断面客流和全日分时最大断面客流等。

站间到发客流量可由站间到发客流斜表（或站间 OD 矩阵）来表示。车站分方向上下车人数、全日断面客流可通过该表计算得出。

全日分时断面客流可由全日分时 OD 矩阵计算。没有全日分时 OD 矩阵时，可以依据全日 OD 矩阵（或高峰小时 OD 矩阵），按照客流的全日分布比例分配，分配系数可依据调查统计数据估算。图 7-1 所示为模拟的某城市地铁线路客流全日分布。

将每一个时段所有断面客流量进行比较，选出这个时段中断面客流量最大的客流量作为该时段的最大断面客流，最终得到全日分时最大断面客流。

2. 全日行车计划

全日行车计划是指城市轨道交通系统全日分阶段开行的列车对数计划。全日行车计划决定了线路的运送能力和设备（列车）使用计划，也是编制列车运行图（运营时刻表）的依据。

（1）编制依据

全日行车计划的编制依据包括：

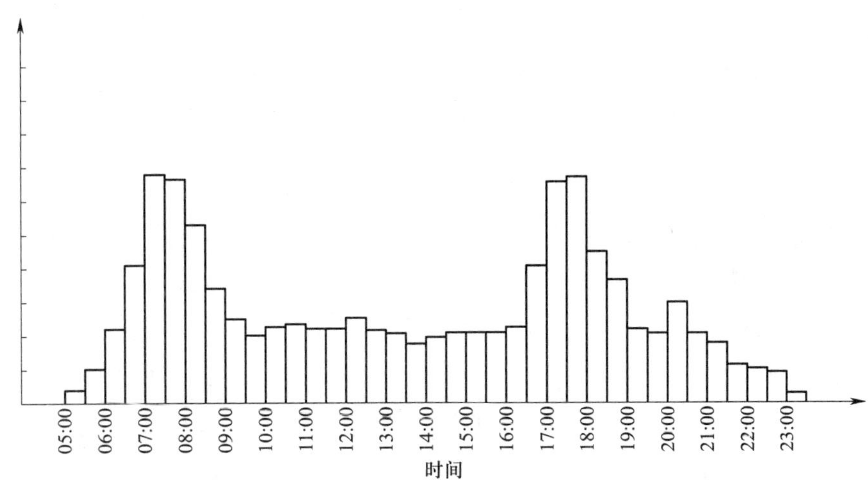

图 7–1 某城市地铁线路客流全日分布（分配比例）

1）营业时间。城市轨道交通营业时间主要考虑两方面因素：一是方便乘客，满足城市生产、生活活动需要；二是满足各项设备检修养护的需要。各地城市轨道交通的营业时间普遍为 18 ~ 20 小时，营业时间之外是设备检修保养和施工作业等的时间。

2）全日分时最大断面客流。全日分时最大断面客流由全日 OD 矩阵（或高峰小时 OD 矩阵）和全日客流分布计算。

3）列车定员数。列车定员数由列车编组车辆数和车辆定员数相乘可得，一般采用 3 ~ 8 辆编组，普遍为 4 辆或 6 辆编组。列车编组数会受到站台长度、停车线长度等的影响。车辆定员数取决于车辆的尺寸、车厢座位布置和车门布置等因素。

4）满载率。满载率指实际载客量与设计载客量之比，一般取 0.75 ~ 0.90。满载率影响乘客舒适程度。

某个方向的全日分时开行列车数 = 该方向的全日分时最大断面客流 ÷（列车定员 × 满载率）。

行车间隔 = 时段时长 ÷ 该时段开行列车数。

全日开行列车数为全日分时开行列车数的和。

全日开行列车数、分时开行列车数和行车间隔共同组成全日行车计划。

（2）编制步骤

全日行车计划的编制要在分时行车计划的基础上汇总完成。全日行车计划的编制步骤如下：

1）根据站间 OD 矩阵（或高峰小时 OD 矩阵）、全日客流分布等基础数据，计算全日分时最大断面客流。

2）根据全日分时最大断面客流、列车定员和满载率，计算全日分时开行列车数、行车间隔。

3）根据营业时间、全日分时列车数，计算全日开行列车数。调整行车间隔，最终确定全日行车计划。

3. 车辆配备计划

车辆配备计划是指完成全线全日行车计划所需要的车辆保有数量计划，包括运用车辆数、在修车辆数和备用车辆数三部分。

（1）运用车辆数

运用车辆数是指为完成日常运输任务所必须配备的技术状态良好的可用车辆数量，与高峰小时开行列车数、列车周转时间、列车编组车辆数等因素有关。

运用车辆数 = 高峰小时开行列车数 × 列车编组车辆数 ×（列车周转时间 ÷60）。

列车周转时间是指列车在线路上往返一次所需要的全部时间，包括列车在区间运行、车站停车、折返作业全过程消耗的时间，单位为 min。

（2）在修车辆数

在修车辆是指处于定期检修状态的车辆。在修车辆数根据运用列车数量综合维修能力、修程等参数得出，一般为运用车辆数的 10% ~ 15%。

知识窗

检 修 修 程

检修修程是根据车辆技术状况和寿命周期所确定的车辆检查、修理的等级，分为厂修、架修、定修、月检、周检和列检等。

列检是对与列车行车安全相关部分进行的日常性技术检查，并进行故障处理。周检、月检主要对易损件和磨耗件、相关部件的空气滤尘器进行检查，对车辆重点部件及系统状态进行检查，对部件进行清洁、润滑，更换磨耗件。定修主要进行车辆的各系统状态检查、检测，各部件全面检查、清洁、润滑，以及部分部件如空调机组、集电器的清洁、测试和修理。架修是对车辆的重要部件进行分解、清洗、检查、探伤、修理和更换，对电气部件进行清洁和测试，对蓄电池进行清洗及容量测试，对车辆系统进行全面检测、调试及试验。厂修是对车辆各部件和系统（包括车体在内）进行全面分解、检查及整修，结合技术改造对部分系统进行全面更换，对车辆系统进行全面检测、调试及试验。

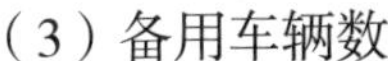

（3）备用车辆数

备用车辆是为适应可能的临时或紧急运输任务、预防车辆发生故障而准备的技术状态良好的车辆数量。备用车辆数一般为运用车辆数的 10%。

4．列车交路计划

列车交路是指根据运营组织和运营条件的变化，调度指挥列车按规定区间运行、折返的运营模式。当城市轨道交通线路较长，客流分布不均衡时，通过合理、可行的列车交路组合安排列车的输送能力，是一种充分利用有限资源、降低运输成本的常见方法。

列车交路一般有长交路、短交路和长短交路三种。长交路一般是常规交路，是指列车在线路上全线运行，在终点站折返；短交路是衔接交路，指列车在线路的某一区段内运行，在指定车站折返；长短交路是混合交路，是将长交路、短交路结合使用的列车交路方案。

长交路较短交路的列车运行组织简单，对中间站折返设备要求不高，但在全线各区段客流不均衡时，会产生运能浪费。短交路能适应区段客流不均衡，但要求指定车站具备折返功能，从乘客角度看，服务水平有所降低。

各种列车交路均需要办理折返作业。折返是指列车改变行驶线路和行驶方向的返回运行作业。折返方式一般包括站前折返、站后折返和环形折返三种。

第二节　客运市场分析

城市轨道交通作为城市客运交通系统的组成部分，同时也是交通运输系统的组成部分，提供的是乘客运输服务，满足城市居民对客运服务的需求。

一、运输市场概述

运输市场作为市场体系中的一部分，既具有社会主义市场经济共同属性，又具有其自身特性。

1．产品和运输产品

（1）产品

产品是指作为商品提供给市场，被人们使用和消费，并能满足人们某种需求的任何东西，包括有形的物品、无形的服务、组织、观念或它们的组合。在交易的时空场景、过程中，产品可称为商品。

知识窗

产品的三个层次

核心产品：顾客真正购买的基本服务或利益，在产品整体概念中是最基本、最主要的部分。从根本上说每一种产品实质上都是为解决问题而提供的服务。

形式产品：核心产品借以实现的形式或目标市场对需求的特定满足形式，由五个特征构成，包括品质、式样、特征、商标及包装。

附加产品：顾客购买形式产品时，附带获得的各种利益的总和，包括说明书、保证、安装、维修、送货、技术培训等，也包括顾客的期望等。

（2）运输产品

运输产品是指劳动者使用运输工具和设备实现乘客和货物的空间位移。位移是非实物的、无形的，可以满足被运送乘客的出行需要或增加被运送货物的使用价值。运输产品具有以下特性：

1）运输产品是非实物的、无形的，是提供给顾客的效用和利益。

2）运输产品的生产和消费是同时进行的，无法存储、转移和调拨。

3）运输产品具有矢量特性，不同起点、终点的运输服务形成不同的运输产品，不可相互替代。

（3）运输产品的层次

运输产品的核心产品是要满足顾客的位移需要，如出行需求，即安全、准确、迅速地从始发地运送到目的地。图 7–2 所示为运输产品的层次。

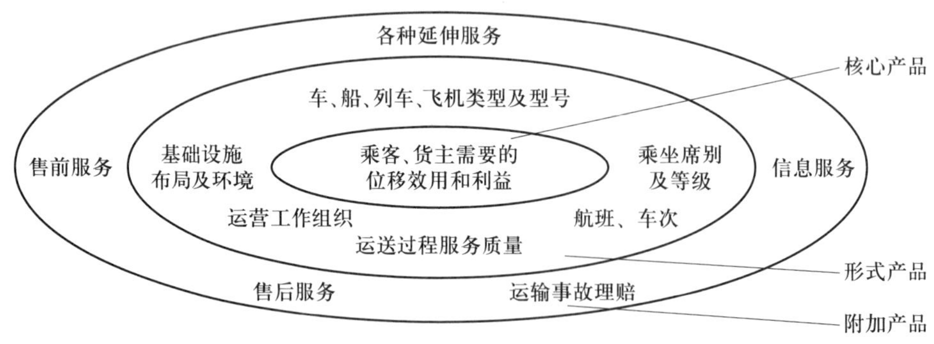

图 7–2　运输产品的层次

运输产品的形式产品通常由位移载体的外在特征展现，如航班、车次等。

运输产品的附加产品是顾客所得到的附加服务和利益，以及不同顾客期望的满足程度，

如车票网络预售、在交通工具中提供无线上网服务等。适当开发附加产品能够增强运输企业的竞争力，带来一定的品牌美誉度和顾客忠诚度。

2. 运输市场

运输需求和运输供给构成运输市场。狭义的运输市场是指运输劳务交换的场所，该场所为乘客、货主、运输业者、运输代理者等提供交易空间。广义的运输市场则包括运输参与各方在交易中所产生的经济活动和经济关系的总和，即运输市场不仅是运输产品交换的场所，还包括运输活动的参与者之间、运输部门与其他部门之间的经济关系。运输市场具有以下特性：

（1）运输产品生产、消费的同步性

运输产品的生产过程、消费过程是融合在一起的。由于运输产品在生产过程中同时被消费掉，因此不能存储、转移或调拨。运输产品具有矢量的特征，不同到站和发站之间的运输形成不同的运输产品，不能相互替代。因此运输服务的供给只能表现在特定时空的运输能力之中，不能靠储存或调拨运输产品方式调节市场供求关系。

（2）运输市场的非固定性

运输产品具有服务特性，不像一般产品市场那样有固定的场所和区域来生产、销售商品。运输活动在开始提供时只是一种承诺，即以车票、机票等作为契约保证，随着运输生产过程开始进行，通过一定时间和空间的延伸，在运输生产结束时，才将乘客、货物位移的实现所形成的服务全部提供给运输需求者。

（3）运输需求的多样性、波动性

运输需求者的经济条件、需求习惯、需求意向等多方面存在比较大的差异，必然会对运输服务以及运输活动过程提出不同要求，从而使运输需求呈现出多样性的特点。由于社会生产生活有季节性的特点，因此乘客出行、货物运输需求也有季节性的波动。例如，春节、开学期间的人员出行需求和水果、蔬菜等农产品的运输需求会比较旺盛。由于运输产品无法储存，运输市场供需平衡较难实现。

（4）运输市场不是完全竞争市场

一方面，由于投资巨大、生产效率限制和安全性考虑等原因，运输业的某些领域进入门槛很高，其他竞争者不易进入市场，具有独家或少数企业经营的特性。另一方面，由于自然条件和一定生产力水平下某一运输方式具有技术上的明显优势，在某个发展阶段某种运输方式可能形成较强势力。针对这种情况，政府会对运输市场加强监管。

交通运输业是国民经济的基础性、先导性产业，对国民经济的发展有着极为重要的作用和影响，具有公益性功能要求，是民生工程，不可能完全交由市场决定。

知识窗

“贷款修路、收费还贷”的高速公路建设模式将结束

“贷款修路、收费还贷”的收费公路政策是1984年年底由国务院批准出台的。这一政策打破了公路建设单纯依靠财政投资的机制束缚，形成了“国家投资、地方筹资、社会融资、利用外资”的多元化投融资格局，促进了我国公路基础设施的建设和发展。

截至2014年年底，我国有超过98%的高速公路是依靠收费公路政策建成的。政府收费公路的快速发展也导致了政府债务的膨胀，政府还贷收支缺口扩大，不过债务风险总体可控。

2017年，财政部和交通运输部公布《地方政府收费公路专项债券管理办法（试行）》，在政府收费公路领域开展试点，发行收费公路专项债券，规范政府收费公路融资行为。这意味着“贷款修路、收费还贷”的高速公路建设模式将结束。

二、城市客运市场

城市客运交通是城市交通的主要组成部分，其发展水平是城市交通发展程度的直接体现。随着国民经济的快速增长和城市化进程的加速，近年来城市客运行业快速发展。

1. 城市客运市场特性

城市客运市场由出行需求方、供给方和出行产品构成。

（1）城市客运市场的需求方

城市客运市场的需求方（即城市出行的需求方）主要是城市居民和在城市里活动的流动人口。经过多年发展，截至2019年年底，我国城镇常住人口占总人口比重已达到60.6%，北京、上海、广州和深圳四个超大型城市城镇化率均达到86%以上。城市人口规模、城镇化率对城市客运交通方式的结构和发展有重要影响，对城市轨道交通的发展更是影响直接。

出行者作为出行方式选择的行为主体，其自身特性——如收入、性别、年龄、职业等因素，影响着选择行为。

（2）城市客运市场的供给方

城市客运市场的供给方（即城市出行服务的供给方）主要是城市各种交通方式的运营单位。城市出行供给方的服务能力可通过运输装备拥有量体现。表7–1所示为近5年全国城市客运装备拥有量发展情况。

表 7-1　　近 5 年全国城市客运装备拥有量发展情况

年份	公共汽电车 / 万辆	轨道交通配属车辆 / 辆	巡游出租车 / 万辆	客运轮渡船舶 / 艘
2015	56.18	19 941	139.25	310
2016	60.86	23 791	140.40	282
2017	65.12	28 707	139.58	264
2018	67.34	34 012	138.89	250
2019	69.33	40 998	139.16	224

注：数据来源于交通运输部《2019 年交通运输行业发展统计公报》。

2019 年末全国拥有公共汽电车 69.33 万辆，比上年增长 2.9%，其中 BRT 车辆 9 502 辆，比上年增长 4.3%。按车辆燃料类型分类，柴油车占 17.4%，天然气车占 21.5%，纯电动车占 46.8%，混合动力车占 12.3%。2019 年末全国拥有轨道交通车站 4 007 个，比上年增加 599 个；拥有轨道交通配属车辆 40 998 辆，比上年增长 20.5%。拥有巡游出租汽车 139.16 万辆，比上年增长 0.2%。拥有城市客运轮渡船舶 224 艘，比上年下降 10.4%。

城市轨道交通与其他的城市客运交通方式之间，既有竞争，又有合作。一方面，对于特定出行需求而言，城市轨道交通与其他可替代的交通方式（如公共汽车、私人交通等）存在竞争关系。另一方面，城市轨道交通与其他公共交通方式共同协调配合，提升城市公共交通服务水平，可以增强城市公共交通吸引力。

（3）城市客运市场的产品

由于运输产品生产、消费的同步性特征，城市客运市场的产品可由城市客运量来体现。

2019 年完成城市客运量 1 279.17 亿人次，比上年增长 1.3%。其中，公共汽电车完成客运量 691.76 亿人次，下降 0.8%，完成运营里程 354.13 亿公里，增长 2.3%。轨道交通完成客运量 238.78 亿人次，增长 12.2%，完成运营车公里 41.43 亿车公里，增长 17.5%。巡游出租汽车完成客运量 347.89 亿人，下降 1.1%。客运轮渡完成客运量 0.73 亿人，下降 9.0%。

城市轨道交通出行服务的优势在大型城市和城市轨道交通线网规模发展到一定程度后更加明显，我国上海、广州、上海、成都等城市的轨道交通占城市公共交通出行分担率已超过 50%。

2. 出行方式选择影响因素分析

影响出行者选择出行方式的因素主要包括出行者特性、出行特征因素和出行方式服务水平。

（1）出行者特性

出行者特性主要包括出行者的收入、性别、年龄、职业等。必需的活动对应于必需的出行，如工作、购物、就医、看望父母、接送子女，以及去邮局、银行或相关部门办理事务等，是城市居民最基本的活动。此类出行必须首先保证，其数量与模式基本固定，与收入因素关系不大，称之为刚性需求。

非必需的活动包括娱乐、就餐、社交等，与收入因素密切相关，较为灵活，称之为弹性需求。收入水平上升时，出行者对出行方式的选择随即发生变化，即在收入保障之下，出行者倾向于选择条件更好的出行方式，拥有小汽车和在日常出行中使用小汽车的频率也更高。

没有充分的研究显示不同性别在出行次数方面有明显差异。老年人的出行次数取决于城市形态和生活习惯，中小学生出行率各地相当，劳动人口的出行率随年龄增长呈增长趋势。

（2）出行特征因素

出行特征包含出行目的、出行距离、出行耗时和出行方式四个要素。各个要素之间相互影响，出行目的决定其他三个要素。

出行距离的远近和出行方式的快捷与否决定出行耗时，出行距离和出行耗时与出行方式服务水平一起又影响着出行方式选择。出行目的有可能决定出行距离（如上班、上学或者去某个部门办事），也可能与出行方式的服务属性一起决定出行距离。例如，购物、娱乐时，人们会同时考虑购物中心的优劣和交通的可靠度，选择合适的目的地。

（3）出行方式服务水平

不同交通工具（出行方式）自身的服务水平也影响着出行者做出选择。一般可以选取出行费用、出行耗时、可靠度和舒适度作为出行方式服务水平的评价指标。

1）出行费用。出行费用指一次出行可计量的货币花费。城市公共交通的出行费用指票价，城市私人交通的出行费用项目包括车辆的购买费用、油耗、税费、停车费、保险等。对于拥有私人汽车的出行者而言，一次出行的影响主要体现在油耗（包含附加税）和停车费这两项上。

2）出行耗时。出行耗时指一次出行的旅行时间。对于城市公共交通，出行耗时包括出行者步行到乘车起点站所花的时间、行程时间、换乘时间，以及从终点站点步行到目的地的时间。对于城市私人交通，出行耗时包括步行至车库的时间、行程时间，以及从停车场步行至目的地的时间。

3）可靠度。可靠度包含可靠性和可达性两个内容。可靠性指一种出行方式的在期望时间上的可靠程度，一般来讲，城市公共汽车和私人交通的可靠性不如城市轨道交通。如果一

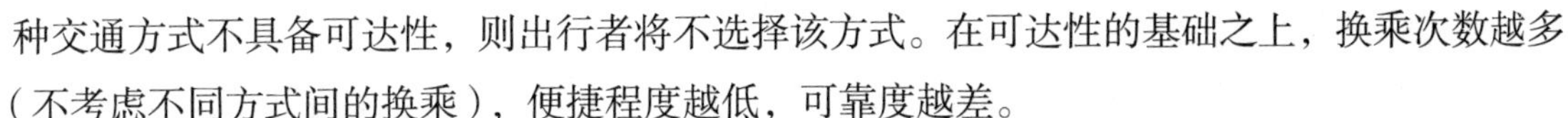

种交通方式不具备可达性，则出行者将不选择该方式。在可达性的基础之上，换乘次数越多（不考虑不同方式间的换乘），便捷程度越低，可靠度越差。

4）舒适度。舒适度是一个因人而异的概念，具有很广的内涵，大致可分为苦恼状、无痛苦、满足舒适度要求和身心愉快四个层面。影响舒适度的因素包含乘车占有面积，车厢内的温度、湿度、空气质量、噪声、照明，车辆运行时产生的振动、加速度等诸多方面，甚至购票、乘车服务、车站、车辆外观、车辆内部设计等都会对舒适度产生影响。

三、城市轨道交通客户服务

城市轨道交通运营单位要提升服务水平，就要明确乘客对其服务质量的要求，制定和实施合理的产品策略，为乘客提供优质服务。

1. 乘客对城市轨道交通服务质量的要求

乘客对城市轨道交通服务质量的要求包括以下内容。

（1）安全性：包括人身和财产安全。

（2）可达性：能够到达目的地，否则不会选择。

（3）使用成本：票价、时间成本。

（4）速度（旅行时间）：列车运行速度、步行时间、候车时间等。

（5）可靠性：列车班次，出发、到达时间等是否准确。

（6）便捷性：行车间隔、换乘次数。

（7）舒适性：乘车占有面积，车厢内的温度、湿度、空气质量、噪声、照明，车辆运行时产生的振动、加速度等。

2. 城市轨道交通服务产品策略与客户服务

城市轨道交通出行服务（产品）包括用以满足乘客位移需要的全部过程的服务，即乘客在查询、到站、询问、购票、检票、候车、乘车、换乘、补票、出站、其他交通方式接驳等的全过程中所享受到的服务。

城市轨道交通出行服务（产品）的核心产品是位移服务，即安全、快速地将乘客运送至目的地；形式产品是为了实现乘客运送目的而提供的一系列可视化、标准化的基本服务；附加产品是在乘客运送过程中提供的附加服务。

城市轨道交通运营单位应针对服务全过程的各个环节，制定不同的策略，在保证核心产品、形式产品稳定的基础上，合理提供附加产品，提升服务水平，增强吸引力。

为吸引客流，城市管理者和城市轨道交通运营单位可以从以下几个方面努力：

（1）增加轨道线网规模

城市轨道交通线网具备一定规模之后，其服务水平将得到极大提升，对客流的吸引力将显著增加。

（2）提升服务覆盖范围

加强站点周边配套道路、慢行过街设施、公交非机动车接驳设施等配套设施建设，方便周边客流到达。

（3）促进沿线融合发展

发挥轨道对沿线土地开发和价值提升的带动作用，指导沿线土地开发与轨道交通协同发展。

（4）优化常规公交线网

增设接驳线路，缩短与轨道交通的换乘距离，实现常规公交与轨道交通的协调发展，提升公共交通总体服务品质。

（5）适度开展优惠活动

适度出台票价优惠政策，如一日票、计次票、团体票、乘车次数折扣优惠等，可以在一定程度上吸引客流。

第三节　运营效果分析

城市轨道交通运营单位作为市场经济中的一个主体和城市客运服务的提供者，有必要对其进行运营效果分析。城市轨道交通运营效果分析主要包括运营技术经济指标体系、运营成本分析和运营状况分析三个方面。

一、运营技术经济指标体系

运营技术经济指标评价可以在一定程度上反映城市轨道交通客运任务的完成情况、工作质量、效率和效益，包括数量指标和质量指标两大类。

1. 数量指标

（1）客运量

客运量是指在统计期内（如日、月、年）城市轨道交通系统运送的乘客数量，单位为“人次”。

（2）客运周转量

客运周转量是指在统计期内，城市轨道交通系统运送的乘客所乘坐里程的总和，单位为“人公里”。

（3）平均运距

平均运距为客运周转量与客运量的比，单位为“km”。

（4）客运强度

客运强度为客运量与运营线路总长的比，单位为“人次 /km”。

（5）断面客流量

断面客流量是指单位时间内沿同一方向通过运营线路某一断面的乘客数，单位为“人次”，常用的指标有高峰小时最大断面客流量、全日分时最大断面客流量。

（6）运营车数

运营车数是指用于运营业务的全部车辆数，单位为“辆”。

（7）总行驶里程

总行驶里程是指运营车辆所行驶的全部里程，包括运营里程和非运营里程，单位为“km”。

（8）运营里程

运营里程是指运营车辆在运营中运行的全部里程，包括载客里程和调度空驶里程，单位为“km”。

2. 质量指标

（1）速度指标

技术速度：不包含停站时间在内的列车在站间平均运行速度，单位为“km/h”。

旅行速度：列车从起点站发车至终点站运行（包括停站时间）的平均速度，单位为“km/h”。

（2）客车运用指标

完好车日数：在统计期内，每天拥有的技术状况完好的运营车数之和，单位为“辆”。

车日行程：运营车辆每个工作日平均运行的里程，单位为“km”。

列车周转时间：列车在运营线路上往返一次所消耗的时间，单位为“min”。

行车间隔：运营线路上前后运行两列车的时间间隔，单位为“min”或“s”，通常会统计最小行车间隔。

（3）列车正点指标

正点率：正点列车次数与全部开行列车次数之比，表示运营列车按规定时间准点运行的程度，单位为“%”。

（4）舒适性指标

车辆人均占有面积：按标准座位，乘客在列车上人均占有的基本面积，单位为“m^2”。

站车文明服务乘客满意率：对城市轨道交通运营服务感到满意的乘客数占抽样乘客总数的百分比，单位为“%”。

站车环境舒适度：站车环境舒适度体现在温度、湿度、空气质量、噪声、照明等参数，环境参数必须符合国家标准。

乘坐舒适度：乘客在乘坐列车过程中的感受，如避免振动、加速度等带来的不适感受，乘坐舒适度因人而异，难以量化。

3. 安全性指标

（1）行车责任事故率

行车责任事故率是指在统计期内，平均每百万公里运营里程发生的行车责任事故次数，单位为“次 / 百万公里”。

（2）乘客伤亡事故发生率

乘客伤亡事故发生率是指在统计期内，平均每亿人公里客运周转量发生的乘客伤亡事故件数，单位为“次 / 亿人公里”。

（3）5 min 及以上延误率

5 min 及以上延误率是指在统计期内，平均每百万车公里列车行驶里程发生 5 min 及以上延误事件的次数，单位为“次 / 百万车公里”。

（4）退出正线运营故障率

退出正线运营故障率是指在统计期内，平均每万车公里列车行驶里程发生列车退出正线运营故障的次数，单位为“次 / 万车公里”。

4. 经济指标

（1）运营总收入

运营总收入是指与运营直接有关的经济收入之和，不含补贴、赞助和广告等收入，单位为“元”。

与运营收入相关的统计指标还包括单位车公里运营收入、单位人公里运营收入。

（2）运营总成本

运营总成本是指为完成运营服务所发生的按国家规定应列入成本开支范围的总费用，单位为“元”。

与运营成本相关的统计指标还包括单位车公里运营成本、单位人公里运营成本。

（3）能耗

单位能耗：在统计期内，完成单位车公里行驶里程所消耗的电量，单位为“千瓦时 / 车公里”。

人均能耗：在统计期内，完成单位客运周转量所消耗的电量，单位为“千瓦时 / 人公里”。

二、运营成本分析

城市轨道交通建设投资和运营成本均很高，运营成本普遍高于运营收入，需要政府补贴。有必要对运营成本进行分析，并采取有效措施降低运营成本。

1. 运营成本的主要构成

依据城市轨道交通运营特点，运营总成本主要由人工成本、能耗成本、维修成本及其

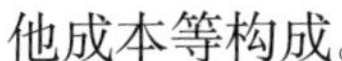

他成本等构成。

（1）人工成本

人工成本指城市轨道交通运营单位在生产、经营和提供劳务活动中因使用劳动力而支付的所有直接费用和间接费用的总和，包括人员工资、奖金、津贴、各项补贴、社会保险费、住房公积金等，是运营成本的重要组成部分，一般超过 50%。

人工成本受线网规模、行车效率、资产数量等因素综合影响，与服务水平有很大关系。例如，密集的车站布局可以为乘客提供更方便的乘车服务，但由于车站数量增加，配备的人员数量也会增加，随之而来的人工成本也相应增加。

（2）能耗成本

能耗成本指生产经营所耗用的各项能源成本，主要包括牵引用电、动力照明用电，也是运营成本的重要组成部分，普遍占总成本的 30% 左右。牵引用电量与列车行驶里程呈正相关关系，基本保持在 1.5 ~ 2 千瓦时 / 车公里区间内。例如，2019 年全国城市轨道交通平均牵引能耗为 1.8 千瓦时 / 车公里。动力照明用电一般是车站为提供照明、电梯、空调等服务消耗的电能。

（3）维修成本

维修成本指生产经营过程中为维护各项设备设施，使其正常运转所发生的各项成本，包括修理用物料消耗、委外维保费、科研技改费等。维修成本的高低很大程度上取决于维修技术的水平。

维修成本与运营设备的生命周期相关，阶段性特征明显。新开通线路设备处于质保期阶段，发生故障频率低，维修成本普遍较低。随着设备出质保至大修阶段，设备磨损加重，故障率升高，维修成本高于质保期阶段，且出现逐年上升的态势。大修过后设备状态回归平稳，在一个时期内故障发生率保持在较低水平，维修成本又会明显降低。

（4）其他成本

其他成本指运营过程中发生的安全、服务、办公等费用，项目较多。其他成本与车站安全、服务密切相关。例如，安检人员的配备数量、保安人员覆盖密度、保洁工作标准等与安全等级要求、服务质量要求有紧密联系，高标准的服务要求必然需要配备的人员数量、人员质量处在较高水平，成本也会相应增加。

2. 运营成本的控制措施

可以通过控制人工成本、能耗成本、维修成本及其他成本来控制城市轨道交通运营总成本。

（1）人工成本控制

可以考虑将技术简单、操作单一的工种进行外包，以专业团队优势降低成本水平。对于技术关键、操作复杂的工种，应着力培养高水平技术队伍，提高单工维修水平，减少人员冗余。

（2）能耗成本控制

在新线设计阶段主推低能耗高效率设备应用，在既有线路开展节能设备改造，全方位提高能源利用率。根据车站情况合理配置照明亮度及开关时间，在保证服务品质的前提下降低电能消耗。

（3）维修成本控制

随着运营年限增加，设备故障率也会显著增长，需要通过技术更新和设备改造手段，提高设备的运行稳定性。推行标准成本管理，将预防性维修过程分解至末级单元，合理估计维修消耗材料成本。集中多条线路材料需求数量优势，合理降低采购价格，控制采购成本。

（4）其他成本控制

按照车站客流量水平，均衡配置站点保安、保洁、安检人员数量，强化服务人员综合素质，提高效率，减少闲置人员。充分利用营业税改增值税后交通运输业税收政策，科学测算进、销项税金差额，合理使用一般征收模式与简易征收模式，在遵守国家税务法规前提下尽量降低成本。

三、经营状况分析

中国城市轨道交通协会《城市轨道交通 2019 年度统计和分析报告》数据显示，全国仅杭州、深圳、北京、青岛四个城市轨道交通运营收支比超过 100%。整体来看，城市轨道交通运营成本高于运营收入是普遍情况，运营亏损是常态，需要政府补贴。

对于少数收支平衡或盈利的城市轨道交通企业而言，其盈利主要来源并非运营收入，而是通过多元化经营提高收入。例如，深圳市地铁集团有限公司旗下有地铁建设、地铁运营、地铁置业、地铁商业、地铁物业等主要分（子）公司，同时还参控股了万科、深圳通、中车轨道车辆等公司。

政府对城市轨道交通企业的补贴方式有三种，即资本性补贴、经营性补贴和资源性补贴。

资本性补贴即政府对城市轨道交通企业进行直接投资、投资补助等。经营性补贴即政府对城市轨道交通运营环节进行补贴，通过出台优惠政策（如电价优惠）或直接的财政补贴等形式弥补运营亏损。资源性补贴主要是赋予企业沿线房地产开发权，或者其他利润较高项目的经营权。这是一种隐性财政补贴，可以减轻政府财政压力。

虽然城市轨道交通建设投入大、普遍亏损运营，但其产生的经济效益和社会效益是不可估量的。

思考与练习

1. 运输产品具有哪些特性?
2. 影响出行方式的因素有哪些?
3. 运营技术经济指标中的数量指标主要包括哪些?
4. 城市轨道交通运营成本的主要构成是什么?

客运组织相关术语

序号	术　语	含　义
1	安全标志	通过颜色与几何形状的组合表达通用的安全信息，并且通过附加图形符号表达特定安全信息的标志
2	侧式站台	设置在上下行线路两侧，只能在其一侧停靠列车的站台
3	车日行程	运营车辆每个工作日平均运行的里程
4	车站	供列车停靠、乘客购票、候车和乘降并设有相应设施的场所
5	车站公共区	车站内允许乘客进出的区域，包括付费区和非付费区
6	车站值班员	包括车站行车及客运值班员，是协助值班站长管理行车及客运工作的人员
7	乘降	乘客上车和下车行为的统称
8	乘距	在一次出行中，乘客从上车站到下车站的里程
9	乘客伤亡事故发生率	在统计期内，平均每亿人公里客运周转量发生的乘客伤亡事故数量
10	出行	从出发地到目的地的交通行为
11	出行分担率	某种交通方式的出行量与出行总量之比，通常用百分比表示
12	出行耗时	在一次出行中，乘客从出发地到目的地所花费的时间
13	出行距离	在一次出行中，乘客从出发地到目的地的行程
14	单位能耗	在统计期内，完成单位车公里行驶里程所消耗的电量
15	单一票制	在一次乘行中，无论乘行距离长短，票价相同
16	导向标志	由图形标志和（或）文字标志与箭头符号组合形成，是指示通往预期目的地路线的公共信息标志
17	岛式站台	设置在上下行线路之间，可在其两侧停靠列车的站台
18	电梯	服务于车站规定楼层的固定式升降设备
19	端头门	置于站台门两端进出轨行区的门
20	断面客流	在一定时间内，沿某方向通过某线路断面的乘客数量
21	非付费区	乘客不需要检票即可以进出的车站公共区域
22	非正常情况	因列车晚点、区间短时间阻塞、大客流以及设备故障等原因，造成列车不能按列车运行图正常运营，但又不危及乘客生命安全和严重损坏车辆等设备，整个系统能够维持降低标准运行的状态

续表

序号	术　语	含　义
23	服务组织	提供客运服务的组织
24	付费区	乘客经检票后方能进入的车站公共区域
25	付费区换乘	两条及以上轨道交通线路之间在付费区内进行的换乘
26	高峰时间	一天中客流量最大的时段
27	高峰小时	一天中客流量最大的一小时
28	高峰小时最大断面客流	高峰小时时段线路某一个方向客流最大区间对应的客流量
29	行车间隔	同一线路相邻两列同向列车驶离起点站的时间间隔
30	行车责任事故率	在统计期内，平均每百万公里运营里程发生的行车责任事故次数
31	行车组织	根据列车运行计划，利用车辆、设备、线路及车站设施组织并指挥列车运行的过程
32	换乘	乘客在出行过程中转乘车次、线路、交通方式的行为
33	换乘客流量	在单位时间内各轨道交通线路之间的换乘乘客数量之和
34	计程票制	按一定里程或站数将乘行距离划分成若干段，并据此确定车票的价格
35	技术速度	不包含停站时间在内，列车在站间运行的平均速度
36	节点换乘	两条及以上轨道交通线路立体交叉，在其站台的水平投影重叠部分直接以楼（扶）梯相连的换乘方式
37	客流	在一定时间内乘客的流量、流向和旅行距离信息的总称，包含时间、地点、方向和流量四个要素
38	客流调查	为掌握客流规律所进行的调查
39	客流预测	根据客流调查数据，对未来客流的变化趋势做出科学的估计与测算
40	客运服务	为使用城市轨道交通出行的乘客提供的服务
41	客运量	在统计期内，城市轨道交通系统运送的乘客数量
42	客运强度	在统计期内，线路客运量与线路长度之比，即单位线路长度所承担的客运量
43	客运周转量	在统计期内，城市轨道交通系统运送的乘客所乘坐里程的总和
44	列车交路	根据运营组织和运营条件的变化，调度指挥列车按规定区间运行、折返的运营模式
45	列车信息显示系统	向车内乘客显示乘车信息、列车运行信息及其他相关信息的设备总称
46	列车运行图	列车运行的时间和空间关系的图解，表示列车在各区间运行及在各车站停车或通过状态的二维线条图

续表

序号	术　语	含　义
47	旅行速度	列车从起点站发车至终点站运行（包括停站时间）的平均速度
48	满载率	运量与运能之比
49	票务中心	集中管理轨道交通票证和票款业务的自动化设施和场所
50	票制	城市轨道交通乘车收费制度，即车票分类、制作、发售、使用规则及计费方法、票价率等规定的总称
51	平行换乘	站台相互平行的不同线路，通过同一站台或楼（扶）梯和公共站厅层完成的换乘，包括相互平行的不同线路同层设置或上下设置两种类型
52	平均运距	客运周转量与客运量之比
53	清分系统	用于发行和管理轨道交通车票，对不同线路的票款进行结算，并具有与城市公共交通卡进行清算功能的系统
54	人均能耗	在统计期内，完成单位客运周转量所消耗的电量
55	事故率	发生事故的行车次数与总行车次数之比
56	通道换乘	两条及以上轨道交通线路立体交叉，在其站厅付费区、站台、出入口间以通道相连的换乘
57	同站台换乘	通过同一站台完成的换乘，分为同向换乘和不同向换乘两种方式
58	突发客流	在特殊情况下或某一时段内发生的超常规的客流
59	完好车日数	在统计期内，每天拥有的技术状况完好的运营车辆数之和
60	线路高峰小时系数	在一条线路上，高峰小时客流量与全日客流量之比
61	线路客流量	线路在单位时间内单程或往返的乘客数量
62	应急处置	在应急情况下，为最大限度地降低损失或危害、防止事态扩大而采取的紧急措施或行动
63	应急门	当列车门与滑动门不能对齐时，供疏散的门
64	应急情况	因发生自然灾害以及公共卫生、社会安全、运营突发事件等，已经导致或可能导致事故发生或设施设备严重损坏，不能维持城市轨道交通系统全部或局部运行的状态
65	有效站立面积	车厢内可供乘客站立的总面积
66	运行周期	列车沿运营线路往返循环运行一次的时间
67	运营车数	用于运营业务的全部车辆数
68	运营单位	从事城市轨道交通运营的机构或企业
69	运营控制中心	对轨道交通运营实施集中监控和管理的场所

续表

序号	术 语	含 义
70	运营里程	运营车辆在运营中运行的全部里程，包括载客里程和调度空驶里程
71	运营时间	首班车驶离运营起点至末班车到达运营终点的时间
72	运营总成本	为完成运营服务所发生的按国家规定应列入成本开支范围的总费用
73	运营总收入	与运营直接有关的经济收入之和，不含补贴、赞助和广告等收入
74	站间断面客流	在单位时间内线路上某相邻两站之间单程或往返的乘客数量
75	站台	车站内供乘客候车和乘降的平台
76	站台门	安装在车站站台边缘，将行车的轨道区与站台候车区隔开，设有与车门相对应、可多级控制开启与关闭的滑动门的连续屏障，也称屏蔽门
77	站务员	在车站从事客运服务工作的服务人员
78	折返	列车改变行驶线路和行驶方向的返回运行作业
79	正点率	正点列车次数与全部开行列车次数之比，用以表示运营列车按规定时间准点运行的程度
80	值班站长	车站当值的负责人，下设行车值班员、客运值班员、站务员等
81	自动扶梯	带有循环运行梯级，服务于车站规定楼层的向上或向下倾斜运输乘客的固定电力驱动设备
82	自动检票机	在付费区出入口自动检验车票的有效性并为乘客放行的设备
83	自动售检票系统	即 AFC 系统，是基于计算机、通信、网络、自动控制等技术，实现轨道交通售票、检票、计费、收费、统计、清分、管理等全过程的自动化系统
84	自动售票机	用于现场自助发售、赋值有效车票，具备自动支付和找零功能的设备
85	总行驶里程	运营车辆行驶的全部里程，包括运营里程和非运营里程

参 考 文 献

［1］广州地铁集团有限公司．城市轨道交通客运组织管理［M］．北京：中国劳动社会保障出版社，2017.

［2］丛丛，李俊辉．城市轨道交通客运组织（含实训指导）［M］．成都：西南交通大学出版社，2017.

［3］刘莉娜．城市轨道交通客运组织［M］．2 版．北京：人民交通出版社股份有限公司，2015.

［4］石瑛，崔志宇．城市轨道交通客运组织［M］．北京：中央广播电视大学出版社，2014.

［5］慕威．城市轨道交通客运组织［M］．东营：中国石油大学出版社，2015.

［6］裴瑞江．城市轨道交通客运组织［M］．2 版．北京：机械工业出版社，2014.

［7］孟祥虎，孙巧玲．城市轨道交通应急处理［M］．北京：人民交通出版社股份有限公司，2015.